Arthur Maibach

Spiezer Winzer in der Pfalz und Massenauswanderung aus dem Berner Oberland

Arthur Maibach

Spiezer Winzer in der Pfalz

und Massenauswanderung aus dem Berner Oberland

Spiezer Veröffentlichungen
zu Geschichte und Heimatkunde
Herausgegeben von Arthur Maibach

2

Rediroma-Verlag

Bibliografische Information der Deutschen Nationalbibliothek:
Die Deutsche Nationalbibliothek verzeichnet diese Publikation in der Deutschen Nationalbibliografie; detaillierte bibliografische Daten sind im Internet über http://dnb.ddb.de abrufbar.

ISBN 978-3-86870-936-0

www.rediroma-verlag.de
13,95 Euro (D)
15,00 CHF

Inhaltsverzeichnis

Einleitung

Arthur Maibach

Das zweite Büchlein der »Spiezer Veröffentlichungen zu Geschichte und Heimatkunde« ist einem Thema gewidmet, welches bis zum heutigen Tag in der Region am Thunersee und dem Berner Oberland nur sehr spärlich beschrieben und besprochen wurde. Verschiedene Umstände führten dazu, dass am Thunersee, im Simmental, Saanenland und in vielen Teilen des Berner Oberlandes zu viele Menschen lebten, sodass der Boden sie nicht mehr ernähren konnte. Dazu kamen noch die Auswirkungen der »Kleinen Eiszeit«, was zu Gletscherhochständen führte und dem Boden noch mehr abverlangte. Zu viele Menschen auf zu wenig Boden konnte in der Zeit um die Jahrhundertwende vom 17. zum 18. Jahrhundert nicht gut ausgehen und verursachte eine Massenauswanderung. Dazu kamen noch religiöse Auswirkungen, sodass viele Schweizer von der Obrigkeit verfolgt, eingekerkert, hingerichtet oder des Landes verwiesen wurden. Wirtschafts- und Glaubensflüchtlinge waren gezwungen, ihre geliebte Heimat, das Berner Oberland, zu verlassen und in einem fremden Land, zum Teil mittellos, neu zu beginnen. Unter all diesen Leuten waren auch Winzer aus Faulensee, die in der menschenleeren Pfalz mit ihrer

Hände Arbeit das Land und die Weinberge wieder zum Blühen und Frucht Tragen brachten.

Dieser Auswanderung ist auch die neue Ausstellung im Rebbau- und Heimat-Museum in Spiez gewidmet, welche ab der Saison 2016 in zwei kleine Räumen zu sehen ist. Möge die Ausstellung im Museum und das Büchlein dazu dienen, uns in die Situation der vielen Flüchtlinge zu versetzen, welche in der heutigen Zeit aus denselben Motiven vertrieben werden wie die Schweizer vor dreihundert Jahren. Sie brauchen unser Mitgefühl und unsere Zuneigung. Die Bürger des Berner Oberlandes wurden mit Wohlwollen aufgenommen und hinterließen ihre Spuren bis zum heutigen Tag.

Das Wandern der Völker

Ohne die Völkerwanderung, ein Phänomen, das, seit es Menschen gibt, immer statt gefunden hat, wäre die irdische Menschheit schon lange ausgestorben. Die Suche nach Nahrung, erträglichen klimatischen Bedingungen und Frieden mit den Nachbarvölker, veranlasste die Völkerstämme seit jeher zum Weiterziehen. Aber auch Machthunger, Machtausübung, Bodenbeschlagnahmung und Kriegslust führte zu Vertreibung und Unterwerfung. Flucht ist in den meisten Fällen auf menschliche oder klimatische Ursachen zurückzuführen.

Waren es zu Beginn der Wanderungen vor allem klimatische Beweggründe, die dazu führten, dass kleine Gruppen nach Nahrungsquellen suchten, wurden es sehr schnell auch politische Ursachen, welche einzelne Menschen, aber auch große Völkerstämme, zur Flucht zwangen. Die Geschichte liefert uns erschütternde Beispiele von Menschen, die Hab und Gut, Familie und Heimat zurückließen: Angefangen bei der Flucht Moses und der Israeliten aus Ägypten, Menschen, welche vor heranstürmenden Heeren flohen oder ihres Glaubens wegen verfolgt wurden. Dazu kommen Naturkatastrophen, Kriege und Machtergreifungen, die bis in die heutige Zeit anhalten, wo wieder Tausende nach Frieden, Geborgenheit und Nahrung suchen.

Überbevölkerung

Arthur Maibach

Das Wort »Masseneinwanderung« ist in der Schweiz zu einem Reizwort geworden und ist ein Dauerbrenner in Zeitungen, Zeitschriften, dem Radio und in vielen TV-Kanälen. Auch am Stammtisch, am Arbeitsplatz und im Verein wird dies Wort gerne gebraucht und missbraucht. Dass es jedoch vor 300 Jahren eine Massenauswanderung aus der Schweiz gab, weiß fast niemand mehr oder es wird verschwiegen. Es war damals eine Massenauswanderung aus wirtschaftlichen Gründen, es waren Schweizer Wirtschaftsflüchtlinge und ein kleiner Teil, Mennoniten (Täufer), welche des Glaubens wegen flüchteten.

Die geliebte Heimat zu verlassen und an einem neuen unbekannten Ort neu zu beginnen, war schon immer ein sehr schwerer und mühseliger Schritt, ein Schritt in eine unbekannte fremde Zukunft, jedoch auch ein Schritt, um der Familie genügend Nahrungsmittel zukommen zu lassen. Um herauszufinden, warum im 17./18. Jahrhundert Scharen von Schweizern das Land verließen, müssen wir uns die damaligen Bevölkerungs- und Wirtschaftsverhältnisse vor Augen führen.

Die Schlacht bei Marignano am 13. und 14. September 1515 in der italienischen Lombardei war eine kriegerische Auseinandersetzung um das

Herzogtum Mailand und eine der letzten großen Schlachten, an denen die alte Eidgenossenschaft beteiligt war. Die Mehrzahl der 12'000 bis 14'000 Gefallenen waren Eidgenossen. Nach dieser Niederlage stellten die Eidgenossen ihre Kriegszüge in Italien ein. Auch die Reformatoren, allen voran der Zürcher Huldrych Zwingli, richteten sich gegen das sittenverderbende Reislaufen. So schwächte sich ein bisher stark bevölkerungsvermindernder Faktor ab. Die jungen Männer zogen nur noch vereinzelnd in fremden Kriegsdienst und starben nicht mehr massenweise auf den fremden Schlachtfeldern.

Dazu kommt der endgültige Zerfall der mittelalterlich-feudalen Ordnung[1] und mit ihm fielen die hemmenden Schranken für ein Wachstum der Bevölkerung weg, indem die Bauernhöfe mehr oder weniger frei teilbar wurden. Die politisch und geistig-religiösen Ereignisse beschleunigten diesen Vorgang. Somit war ein Wachstum der Bevölke-

---

[1] Der lateinische begriff »feudum« heisst abgeleitet »Lehngut«« Der Monarch, (Kaiser, König), der Adel und die Kirche waren die Grundbesitzer. Sie bildeten die führende Schicht und gaben bestimmte Rechte und Land (so genannte Lehen) an Untertanen weiter. Diese Untertanen nannte man »Vasallen«. Sie durften das Land nutzen, mussten dafür dem Grundbesitzer ergeben sein. Sie hatten als Unfreie keine eigenen Rechte und oftmals ging es ihnen als Leibeigene so wie Sklaven. Im Zeitalter der Aufklärung, ab dem 18. Jahrhundert, wurde das vom Handel und Gewerbe lebende Bürgertum in den Städten immer stärker. Nach und nach verlor der Feudalismus an Grundlage und Bedeutung und es begannen bürgerlich-demokratische Herrschaftsformen.

rung in Gang gekommen, der nicht mehr so rasch zu Bremsen war.

Ein weiterer Faktor war, dass nach den Pestepidemien von 1611 und 1628 der Bevölkerungszuwachs enorm anstieg. Wurden doch zur Zeit der grossen Seuchenzügen sehr strenge Kontrollen vor den »Toren« zum Berner Oberland gemacht und nur »gesunde Menschen« hereingelassen. Die Folgen der starken Bevölkerungszunahme zeigten sich bald: Das Land wurde knapp. Immer mehr Menschen lebten auf begrenztem Land. Das konnte nicht lange gut gehen. Aber genau zu diesem Zeitpunkt setzte das Schicksal seine Hobel an. Die Reformation brachte die Täuferbewegung zum Vorschein, der Dreißigjährige Krieg brachte viel Tod und elend über große Teile des heiligen römischen Reichs deutscher Nation und die Pest raffte tausende Menschen dahin. Sodass große Teile im Elsass und in der Pfalz unter einem enormen Bevölkerungsschwund litten. Viele Höfe mit ihren Ländereien, aber auch kleine Dörfer waren menschenleer.

Nicht nur die wirtschaftliche Not als Folge der Überbevölkerung kann als Ursache der Auswanderung angesehen werden, dazu kam noch eine klimatische Veränderung. *Seit dem Wechsel vom 13. in das 14. Jahrhundert bis in die zweite Hälfte des 19. Jahrhunderts dauerte eine allgemeine Klimaverschlechterung an, die unter dem Namen Kleine*

Eiszeit bekannt ist. Der Begriff »neuzeitliche Gletscherhochstandsperiode« ist allerdings zutreffender, da es sich nicht um eine Eiszeit, sondern um eine Zeit weltweit auftretender Gletscherhochstände handelt. (. . .) Zusammenfassend kann man sagen, dass drei Antriebsfaktoren für das Klimaregime der Kleinen Eiszeit in der nördlichen Hemisphäre verantwortlich waren: 1. eine Abschwächung der Sonneneinstrahlung, 2. Einbrüche der Sonnenaktivität, 3. eine ungewöhnliche Häufung starker Vulkanausbrüche. (. . .) Die Zeit der ersten Auswanderungsperiode (1650 bis 1700) fällt eindeutig in eine Phase kalter Temperaturen zu allen Jahreszeiten und somit zu einer erheblichen Reduzierung des Ernteertrages. Die landwirtschaftlichen Anbaubedingungen verschlechterten sich nicht nur aufgrund der verkürzten Sommer und der dadurch verursachten geringeren Erträge. Aufgrund der sinkenden klimatischen Schneegrenze konnten auch höher gelegene Flächen nicht mehr landwirtschaftlich genutzt werden. (. . .) Nur die Auswanderung oder der zeitweise Broterwerb in der Fremde konnte eine Entlastung bringen. Nicht das Bevölkerungswachstum an sich, sondern die zunehmend schlechtere Ernährungssituation durch den Klimawandel in der neuzeitlichen Gletscherhochstandsperiode, verbreitet »Kleine Eiszeit« genannt, war die Triebkraft und Hauptursache für die Auswanderung aus dem Alpenraum in der zweiten Hälfte des 17. Jahrhunderts mit ihrem Höhepunkt zwischen 1680 und 1690.[2]

Somit führten verschiedene, natürliche und von Menschen gemachte Ereignisse dazu, dass das Leben im Berner Oberland immer schwieriger wurde. Die jungen Männer zogen weniger in fremde Kriegsdienste, die Bauernhöfe wurden frei teilbar, die Pest raffte nicht viele Menschen dahin, was zu einer Überbevölkerung führte. Dazu kam die »Kleine Eiszeit«, die mit dem immer knapper werdenden Boden zu Ernährungsengpässen führte. Die Suche nach Land war eine der Möglichkeiten, um der Familie genügend Nahrung zu kommen zu lassen, und die ab etwa 1680 auch umgesetzt wurde.

---

[2] http://www. heimat-pfalz. de/einwanderung.html 06.09.2015

Schweizer Täufer

Arthur Maibach

Da die Massenauswanderung aus der Schweiz auch im Zusammenhang mit der Täuferbewegung steht, ist es angebracht, dieses Thema kurz zu belichten. Am 16. Oktober 2015 erhielt ich von Herrn Lars Jentsch, M. A., aus Berlin die Zusage aus dem Text »Täufergeschichte« zu zitieren, wofür ich an dieser Stelle herzlich danken möchte. – »Die schweizerische Täuferbewegung ist als eine Art inner-reformatorische Protestbewegung zu verstehen. Sie entstand um 1524/25 zunächst in kleineren Haus- und Gebetskreisen in Zürich und richtete sich anfänglich vor allem gegen ein zu enges Bündnis zwischen reformierter Pfarrerschaft und weltlicher Obrigkeit in der Stadt an der Limmat. (...) Nachfolge Christi und Heiligung des Lebens wurden als zentrale Eckpfeiler täuferischen Selbstverständnisses in jener Zeit verstanden. Im Sinne einer strengen Laienaskese sollte sich die Gemeinschaft der Gläubigen durch eine betont schlichte Lebensführung und eine ethisch ausgerichtete Frömmigkeit von der Welt abwenden. (...) Allein die Bibel sollte dabei Grundlage der laienorientierten Verkündigung und Lehrpraxis sein. Das reformatorische Grundverständnis der Täufer – *Restitution,* also Wiederherstellung der christlichen Urgemeinde statt bloßer *Reformation*

– bildete zugleich die Basis für eine Reihe weiterer theologischer Positionen, welche die Täufer bald in harschen Konflikt mit der politischen Obrigkeit und der reformierten Kirche bringen sollten. Dies betraf zunächst vornehmlich die täuferischen Anschauungen zu der in der reformierten Kirche praktizierten Säuglingstaufe. Ihr stellten die Täufer entsprechend des Gemeindekonzeptes der Gemeinschaft der Heiligen die Gläubigentaufe entgegen. Nach täuferischen Bibel-Verständnis erforderte die Taufe eine dem Taufakt vorausgehende bewusste Bekehrung des Gläubigen zu Gott. (...) Da die ersten Anhänger der Schweizer Täuferbewegung jedoch selbst als Kinder getauft worden waren, wiederholten die zum Glauben gekommenen Täufer nun also den Taufakt gegenseitig, was ihnen bei ihren Gegnern rasch die Bezeichnung »Wiedertäufer« einbrachte. Erste Wiedertaufakte wurden in Zürich im Januar 1525 vorgenommen.

(...) Noch deutlicher trat der Gegensatz der Täufer zur neuen Ordnung in den ablehnenden täuferischen Positionen zur Waffengewalt *(Schwertgewalt)*, beziehungsweise zum Eidschwören hervor. Auch hier betrafen die Positionen der Täufer jenseits der von ihnen vorgebrachten biblischen Rechtfertigungsgründe unmittelbar die Sphäre weltlicher Gewalt und Machtpolitik. Diese Bereiche bildeten im Zeitalter der Reformation ein zentrales Instrument der Festigung und Verteidigung reformatorischer Bekenntnisse in Europa. Eine Haltung, die den europäischen Kontinent, insbesondere den deutschsprachigen Raum, bis zum Ende des Dreißigjährigen Krieges auf verheerende Weise prägen sollte. (...) Die Verweigerung von Kriegsdiensten und bürgerschaftlichen Treueeiden gegenüber weltlichen Stadt- und Landgemeinden bedrohte aus Sicht der Obrigkeit dagegen Kernbereiche des neu entstehenden konfessionell-orientierten Staatswesens. Auch die Schweizer Eidgenossen bildeten hierin keine Ausnahme. Innerhalb kürzester Zeit wurden die frühneuzeitlichen Täufer, nicht allein in der Schweiz, Opfer einer brutalen Repressions- und Verfolgungspolitik, die bald das gesamte damalige Heilige römische Reich deutscher Nation erfassen sollte. (...) Innerhalb kürzester Zeit entwickelte sich aus einem behördlichen Taufzwang für Neugeborene, wie er etwa 1525 durch die Zürcher Räte beschlossen worden war, eine blutige, bald über die Grenzen der Schweiz hinausreichende Verfolgungswelle. Seit 1529 galt bereits ein reichsweites Täufer-Mandat, das die Wiedertaufe im gesamten Heiligen römischen Reich deutscher Nation mit der Todesstrafe bedrohte. Immer neue Mandate, Straf- und Forderungskataloge gegenüber Täufern und täuferischen Untergrund-Gemeinden dezimierten nun schnell die junge, radikalreformatorische Bewegung. Die Anwendung der Todesstrafe gegen die Täufer war jedoch tendenziell eher die Ausnahme. Meist wurden Verwarnungen ausgesprochen, die dann aber recht schnell zu hohen vermögens- oder Gefängnisstrafen erweitert werden konnten. Mitunter wurden auch Verweisungen au einem bestimmten Territorium verfügt – häufig bei gleichzeitiger Entziehung nahezu des gesamten Besitzes.«[3]

Im Jahr 1538 war die Bevölkerung von Einigen Zeuge einer Täuferhinrichtung. Es lässt sich nicht feststellen, ob das Täufertum auch hier Eingang gefunden hat und wie tief der Einfluss dieser religiösen Bewegung auf die Gemüter gewesen ist. Aber es fällt auf, dass einer ihrer Führer in Einigen für seinen Glauben sterben musste. Die Verfolgung der Täufer durch den Staat während eines Jahrhunderts, dem der Begriff der Duldsamkeit in Glaubenssachen noch unbekannt war, steigerte sich trotz der Opfer bis hin zu Todesurteilen. Eine vergeblich vertuschte Spur vergossenen Märtyrerblutes zieht sich bis in das 17. Jahrhundert durch die bernische Geschichte. In den Jahren 1525 bis 1571 sind im Staate Bern 40 Täufer hingerichtet worden. In der ersten deutschen Ausgabe des

---

3 http://www.taeufergeschichte.net7index.php?id=schweizer_taeufer, 17.10.2015

»Märtyrer-Spiegel der Taufs-Gesinnten oder Wehrlosen Christen«, gedruckt bei Johann Friederich Seelig, Hochfürstlicher Hof- und Canzley Buchdrucker, aus dem Jahr 1780, ist eine Liste von 40 in Bern hingerichteten Täufern überliefert. Auf dieser Liste wird als 29., »Stäffen Rügseger (Stephan Rügsegger), den 8. Tag Wintermonat wurde zu Einigen getötet«. Am 8. November 1538 wurde Stephan Rügsegger von Signau in Einigen hingerichtet. Ob diese Hinrichtung in Einigen ausgeführt wurde, wage ich zu bezweifeln. Einigen hatte keine Richtstätte. So gehe ich davon aus, dass Herr Rügsegger in Einigen wohnhaft war, seine Hinrichtung jedoch in Spiez vollzogen wurde.

Auch auf der Berner Landschaft erlebte das Täufertum während und nach dem Dreißigjährigen Krieg einen merklichen Aufschwung. (...) Die bereits während des Dreißigjährigen Krieges verkündeten Straf-Mandate gegen das Berner Täufertum wurden ab 1653 unter dem Eindruck des Schweizerischen Bauernkrieges noch einmal verschärft. (...) Bereits 1660 wurden gefangene und enteignete »Wiedertäufer«, die auch weiterhin nicht bereit waren, ihrem Glauben abzuschwören, aus dem Berner Täufer-Gefängnis entlassen und kurze Zeit später des Landes verwiesen. Dies galt den Behörden als die härteste Strafe. Unter Zwang schaffte man die Täufer auf ein Schiff und sandte sie den Rhein hinab in die Niederlande. (...) Die Holländer boten den völlig mittellosen und entkräfteten Täufern schließlich Asyl.

1671 entschloss sich der Berner Magistrat schliesßlich zu einer ultimativen Lösung seines »Täufer-Problems«. Rund 700 Berner Täufer wurden im Verlauf des Jahres 1671 auf Weisung der Berner Räte aus der Schweiz vertrieben. Viele dieser Täufer waren bereits durch Gefängnisstrafen, Geldbußen und Güterkonfiskationen ruiniert worden und machten sich nun völlig mittellos auf den Weg in die Pfalz. Wiederum waren es niederländische Mennoniten, welche ihre notleidenden Glaubensgeschwister in dieser Situation finanziell und logistisch unterstützten.[4]

Nicht nur zu wenig Land und Hunger veranlasste die ländliche Bevölkerung zu fliehen, auch eine bestimmte Glaubensrichtung führte zu diesem Schritt.

Einige dieser Auswanderer erscheinen in keinem Verzeichnis und das hat auch seinen Grund.

Mit der Reformation erging an die Pfarrer Berns die Verpflichtung, Taufrödel zu führen. Diese sollten hauptsächlich dazu dienen, Anhänger der Wiedertäuferbewegung zu entlarven. Nach der Ansicht der Wiedertäufer, kurz Täufer genannt, war die Taufe das Zeichen der Bekehrung. Aus

---

[4] http://www. Taeufergeschichte.net7index?id=schweizer_taeufer, 17.10.2015

diesem Grund verwarfen sie die Kindertaufe. Wer sein Kind nicht im Taufrodel einschreiben ließ, gehörte den Täufern an.[5]

Da nun etliche Täufer die Schweiz fast fluchtartig verließen, ohne sich bei der Gemeinde abzumelden, fehlten diese Auswanderer auf den Taufrodeln wie auch auf den Auswandererlisten. Somit sind sie auch nicht auf dem Mannsrechtrodel zu finden. Jedoch schlichen auch reformierte Bürger ohne sich abzumelden ab, um die Steuern nicht bezahlen zu müssen.

---

[5] Cornelia Hebeisen-Weller, Kirche Dürrenroth, Druckerei Schürch AG, Huttwil 2003, Seite 50

Dreißigjähriger Krieg

Arthur Maibach

Der Dreißigjährige Krieg (1618-1648) wurde durch einen Konflikt zwischen dem habsburgischen Kaiser und den protestantischen böhmischen Ständen, die einen Gegenkönig wählten, ausgelöst. Zunächst behauptete die katholische Liga unter ihrem Feldherrn Tilly das Feld in Westdeutschland. Der Dänenkönig Christian und der schwedische König Gustav Adolf II. griffen in die Kämpfe ein. Letzterer zog bis nach München, fiel aber 1632 in der Schlacht bei Lützen (Sachsen) gegen Wallenstein. 1635 trat Frankreich an der Seite Schwedens in den Krieg ein. Es war ganz offensichtlich, dass aus dem Dreißigjährigen Krieg, der als Glaubenskrieg begonnen hatte, ein politischer Macht- und Interessenkampf zwischen Frankreich, Schweden und Habsburg geworden war. Frankreich wollte die Umklammerung durch Habsburg-Spanien aufbrechen, Schweden seine Herrschaft in der Ostsee stärken und Habsburg seine Position im Reich und Europa behaupten. Jahrelang zog sich der Krieg hin und die verschiedenen Heere verwüsteten Deutschland aufs Schlimmste. Sehr stark wurde die Pfalz in Mitleidenschaft gezogen, sodass viele Dörfer fast ganz ausgestorben waren. Gutshöfe, kleine Bauernhöfe, Ackerboden und Weinberge blieben brach liegen. Die Menschen, welche die Dörfer besiedelten, die Felder pflügten, die Reben schnitten und Kinder großzogen, waren ermordet, verstümmelt und auf brutalste Weise hingerichtet worden. Theo Reinhard beschreibt dies mit folgenden Worten: *Nach dem Dreißigjährigen Krieg war unsere Gegend, wie viele Gebiete Deutschlands, verwüstet und entvölkert. Von den verheerenden Kriegsfolgen berichtet David König's, das Zweibrückischen Regierungsrates und Rechenkammerdirektors »Beiläufige Beschreibung der Constitution des Herzogtums Zweybrücken« 1677. Hiernach waren die meisten Gemeinden des Landkreises verbrannt; die Stadt Zweibrücken hatte das gleiche Schicksal erlitten und auch die Stadt Hornbach wird zum Teil als verbrannt bezeichnet. In dem Bericht werden Anno 1675 in Zweibrücken noch 141 Familien, in Hornbach 38, Contwig 16, Niederauerbach 10, Ernstweiler und Dellfeld je 9 und in Ixheim 6 Familien gezählt. Das sind 229 Familien, zu je 4-5 Personen gerechnet, ergibt dies für das Land dieses Teils das Herzogtums für Zweibrücken und Umgebung ca. 1100 Personen.*

Die Pfalz erholte sich nur ganz allmählich von den Verwüstungen der kaiserlichen Völker unter Gallas und musste erneut unter den französischen Durchzügen im sogenannten zweiten Raubkrieg Ludwigs XIV. von Frankreich leiden. Dörfer wurden verbrannt, die Fürstengruft zu Zweibrücken geschändet, der Turm der Alexanderkirche gesprengt und die Stadt Hornbach ihrer Mauern und Türme entledigt. Nach den Pest- und Blatternjahren in Zweibrücken, 1611, 1625 und 1636, nach dem Dreißigjährigen Krieg mit der Einäscherung und Zerstörung der Stadt, erließ Herzog Friedrich (1635-1661) 1653 eine Verordnung über die »Citation der abwesenden Untertanen und lebeigenen Leute«, mit der er seine Untertanen aufrief, zurückzukehren und ihre Behausungen wieder zu beziehen, andernfalls man sie in fremde Hände geben werde.[6]

Soweit die Ausführungen von Theo Reinhard.

Zur Bevölkerungsgeschichte des Westreichs im letzte Jahrzehnt des Dreißigjährigen Krieges schreibt Karl Scherer Folgendes: *Von 1635 bis 1638 wütete die Pest im Land, insbesondere im Westreich, wo sie, von den Kaiserlichen eingeschleppt, ganze Kleinregionen entvölkerte. Im Amt Wolfstein starben ¾ der Einwohner; die meisten Dörfer waren verlassen; im Kirchenbuch der evangelischen Gemeinde Kusel fehlten nach der Plünderung und teilweisen Zerstörung der Stadt durch Beygott'sche Kroatenschwärme (14. Juli 1635) bis 1639 jegliche Tauf- und Traueintragungen und der Verkehrsknotenpunkt Lauterecken*

[6] Schweizer Einwanderer im Westrich 1650-1750, Zweibrücker Arbeitsgemeinschaft für Familienforschung, 1995, S. 24

wurde »pesthalben« jahrelang selbst von Marodeuren gemieden! Allein im Juli 1635 bis März 1636 fielen hier nicht weniger als 282 Einwohner, 62 Fremde und 14 Soldaten und Soldatenweiber dem »Schwarzen Tod« zum Opfer. Die wenigen Überlebenden litten so großen Hunger, dass sie zeitweise Baumrinde, Ratten und Mäuse verzehrten. Die Fama weiß sogar von einzelnen Fällen von Kannibalismus zu berichten (!), doch fehlen hierzu gesicherte Belege. Wer nicht »peste, fame, bello gestorben«, wie vom Abt des Klosters Wadgassen lapidar vermerkt, der floh in die unwegsamen Wälder oder verzog – zumindest bis zum Ende der Pestwelle – in von der Seuche nicht betroffene und vom Krieg weniger heimgesuchte Gebiete. Nicht zuletzt deshalb wurde bezüglich des Städtchens Hornbach vermerkt, dass es von 1636 bis 1639 gänzlich »unbewohnt gestanden« und in der Jahresrechnung 1636/37 der Deutsch-Ordens-Commende Einsiedel wurde festgehalten, »dass alle Güter zur Comthurei gehörig, wüst und öde liegen und die Kornmeister, deren keiner im Amte zu finden. Die Bau und Häuser werden nicht bewohnt und seien mehrenteils wüst.« Dem Offenbacher Kloster-Schaffer war es bereits 1635 nicht mehr gelungen, ein Verzeichnis der Leibeigenen zu erstellen, »weil der große Teil gestorben, verdorben und man nicht wissen kann, wer noch am Leben ist und wo er sich aufhält«. Resignierend hat der Beamte die Anfertigung des Verzeichnisses auf einen späteren Zeitpunkt – wenn sie wieder nach Hause kommen – verschoben.[7]

Worte, die schnörkellos vom »Schwarzen Tod«, der zum mörderischen Krieg noch den Rest der geschundenen Bevölkerung dahinraffte, berichten. Ganze Dörfer und Landstriche waren entvölkert.

In der »Geschichte Berns« Band III von Richard Feller, finden wir folgenden Hinweis: *Der Dreißigjährige Krieg hatte Deutschland menschenarm zurückgelassen. Dorthin drängte der Überfluss der Schweiz. Nähere Angaben liegen über die elsässische Grafschaft Hanau-Lichtenberg vor. Dort waren ganze Dörfer ausgestorben, die Städte auf wenige Seelen zurückgegangen. Die Behörden verhießen Landzuteilung und Steuerfreiheit. Das kleine Gebiet nahm 1650 bis 1700 3000 Schweizer auf, darunter etwa 2400 Berner, meist Landleute. Sie wahrten in der Fremde den landschaftlichen Zusammenhang; die Simmentaler ließen sich in Obersulzbach, die Diemtigtaler in Rauschenburg, die Oberaargauer in Schalkendorf nieder. Sie blieben, was sie waren, Ackerbauer, Und Viehzüchter. Die Oberländer brachten die Molkerei ins Elsass. Sie waren zuerst Hintersassen, und wenn sie sich eingewöhnt hat-*

[7] Karl Scherer, Schweizer Einwanderer im Westrich 1650-1750, Zweibrücker Arbeitgemeinschaft für Familienforschung, 1995, Seite, 229

ten, erhielten sie das volle Recht der Heimischen. Die bernische Obrigkeit ermunterte die Auswanderung nicht, gestattete sie aber und erhob vom ausgeführten Vermögen den üblichen Abzug, 10 vom Hundert. Sie erteilte die Entlassung aus dem Landrecht, wenn die Ausgewanderten den Abzug entrichtet, den Glauben bewahrt hatten und den Erwerb eines neuen Heimatrechtes nachwiesen. Diese Bedingungen fasste sie 1715 in ein Gesetz.[8] Die Schweiz hatte einen Bevölkerungsüberschuss und Deutschland litt unter ausgestorbenen Dörfern. So kam die Auswanderung der Schweizer beiden zu Gute.

Unter dem Titel »Wirtschaftsflüchtlinge aus der Schweiz sorgen für den Neuanfang nach dem Dreißigjährigen Krieg« finden wir in der »Regionalausgabe Pirmasenser Rundschau« folgenden Text: *In (fast) jedem Pfälzer steckt ein Schweizer. Das ist keine neue Erkenntnis, sie ist nur ein wenig in Vergessenheit geraten, seitdem man kleinen Pfälzern erklärte, dass ihre Vorfahren Franken – oder doch Alemannen, sicher jedenfalls Germanen – waren, die nach den Römern das Land besiedelten. Allenfalls wurde da noch ein Kelte in der Ahnentafel geduldet. Beiseite blieb die Tatsache, dass es diese »Ur-Pfälzer« nach dem Ende des Dreißigjährigen Krieges nicht mehr gab. Ganze*

---

8 Richard Feller, Geschichte Berns, III Verlag Herbert Lang, Bern und Frankfurt am Main 1974, S. 148-149

Landstriche lagen verödet, Dörfer blieben menschenleer, bis – ja bis die Schweizer kamen. Was übrigens bedeutet, dass wir doch eher Alemannen als Franken sind.

Wie sie heißen und woher sie kamen, ist in Kirchenbüchern, Chroniken und vor allem in der Einwandererkartei des Pfälzischen Instituts für Geschichte und Volkskunde verzeichnet. Und auch warum sie kamen, ist erforscht. Dennoch gehört das Kapitel der Schweizer Einwanderung nicht zu den allgemein bekannten der Pfälzischen Geschichte.

Warum aber kamen sie? Es mag in heutiger Zeit schwer vorstellbar sein, aber im 17. Jahrhundert litten weite Teile der Schweiz unter großer wirtschaftlicher Not. Zwar war das Land vom Dreißigjährigen Krieg und von großen Seuchen verschont geblieben. Vom Krieg hatte es gar durch die Lieferung von Lebensmitteln und anderen Gütern an den Kriegsparteien recht ordentlich profitiert. Das heißt: Gewinner waren die Städte, die Landbevölkerung sah sich nach dem Westfälischen Frieden mit neuen Steuern konfrontiert. Es kam zu Bauernaufständen in den Kantonen Basel, Bern, Solothurn und Luzern. Einer der Anführer des Bauernheeres, Niklaus Leuenberger, wurde 1653 in Bern öffentlich enthauptet. Auch die Schweiz kannte religiöse Konflikte, vor allem aber sah sie sich, insbesondere in den armen Bergregionen wie dem Berner Oberland, mit dem Problem der Überbevölkerung konfrontiert. Kurz: Es gab zu viele Schweizer, um sie alle zu ernähren, und viele Gründe zum »Davonlaufen«, wie es Schweizer Quellen nennen.

Schweizer verdingten sich als Söldner in fremden Heeren, dienten als Taglöhner, zogen als Handwerksburschen in die Fremde – oder reisten mit Sack und Pack in die »Niederlande«, um dort zu bleiben. Die aus Schweizer Perspektive durchaus »nieder« liegenden Lande: Das waren das ebenfalls entvölkerte Elsass, der rechtsrheinische Kraichgau und die linksrheinische Pfalz. Die Lockrufe von dort sandten zwei Landsherren, deren Territorien ganz besonders unter dem Dreißigjährigen Krieg gelitten hatten: der ins zerstörte Heidelberg zurückgekehrte Sohn des unglücklichen Winterkönigs Friedrich V. und Vater jener Elisabeth Charlotte, deren Ehe mit dem Bruder des französischen Königs Ludwig XIV. erneut Krieg und Zerstörung in die Pfalz bringen sollte – Kurfürst Karl Ludwig – und dessen Wittelsbacher Verwandter, König Karl XII. von Schweden, der zugleich Herzog von Zweibrücken war. Bewusst veröffentlichten die beiden der reformierten Lehre Calvins anhängenden Herrscher ihre »Einwanderungspatente« in den reformierten Gebieten der Schweiz – wenngleich allen Neuankömmlingen Glaubensfreiheit zugesichert wurde.

Auch jenen, die in der Schweiz tatsächlich aus religiösen Gründen verfolgt wurden. Den Mennoniten (Täufer). Sie blieben eine Sondergruppe innerhalb der Schweizer Einwanderer. Heute sieht man sie als »Pioniere« der pfälzischen Landwirtschaft, ihre Höfe galten als Musterbetriebe, sie führten neue Anbaumethoden ein, brachten neue Feldfrüchte mit. Aber gerne gesehen waren sie nicht. Wurden zu viele von ihnen gezählt, so mussten diese weiterziehen. Aufnahme fanden sie schließlich in Amerika, in Pennsylvanien, wo heute noch viele Mennoniten leben.

Zu den wichtigen Mennonitensiedlungen in der Pfalz gehören etwa der Weierhof bei Marnheim, der Kohlkof bei Schifferstadt, der Branchweilerhof bei Neustadt, zahlreich Höfe im Raum Zweibrücken wie Wahlerhof und Ringweilerhof oder der Kühbörncheshof im Kreis Kaiserslautern. Dort durfte sich 1717 – als auf die Einwandererwelle in der Pfalz bereits erste Auswandererwellen gefolgt waren – der aus dem Simmental im Berner Oberland stammende Hans Heinrich Lattschar ansiedeln.

Aus Grindelwald, ebenfalls im Berner Oberland, war bereits 1674 Melchior Schildt mit seiner Familie nach Hinterweidental gekommen. Von dort zog er nach Waldfischbach, um ein verlassenes Hofgut wieder aufzubauen. Eine Arbeit, die durch einen französischen Feldzug zunichte gemacht wurde. 1678 finden wir Melchior Schildt wieder in seiner Schweizer Heimat – aber 1685 ist er zurück in Waldfischbach. Wie die meisten der »Holzland-Dörfer« verdankt auch Waldfischbach seine Existenz den Schweizer Einwanderern aus dem Berner Oberland. Nach Neustadt an der Weinstraße zog es hingegen zahlreiche Familien aus Wädenswil bei Zürich. Selbst aus Chur und dem kleinen Ort Filisur in Graubünden fanden Schweizer den Weg in die Pfalz – als Steinmetze und Bauhandwerker. Und auch sie trugen so zum Wiederaufbau des zerstörten Landes bei.

Vieles ist bekannt über die Pfalz als Auswandererland, noch viel zu wenig über die Pfalz als das Einwandererland, das es schon immer war. Es kamen auch Allgäuer, Tiroler und – nicht erst seit 1955 – Italiener. Aber das sind andere, nicht minder spannende Geschichten.

(...) Was an Traditionen und Bräuchen erhalten blieb.

Nein, Pfälzer reden immer noch pfälzisch, sie sind nicht zu Hartkäse-Produzenten geworden, und sie jodeln nicht. Immerhin gibt es einige, die trefflich Alphorn blasen, zum Beispiel in Mittelbrunn (Kreis Kaiserslautern), Brücken (Kreis Kusel) oder in der Südpfalz. Auch dorthin kamen einst die Schweizer Neu-Pfälzer. Aber ob die musikalische Referenz an das Alpenland als Tradition bis in die Zeit der Schweizer Einwanderung zu-

rückzuverfolgen ist? Anderes scheint da gesicherter, so zum Beispiel die Schweizer Herkunft der Strauben: Kerwegebäck aus Pfannkuchenteig, das man sowohl in der Gegend von Annweiler als auch auf der Sickinger Höhe kennt. »Strübli« heißen diese in Bern. Und wer anders als die Schweizer sollte die »Schweizer Wasserbirne« in die Pfalz gebracht haben? Es gibt auch die Annahme, dass mancher Pfälzer Fasnachtsbrauch ursprünglich aus der Schweiz stammt.[9]

[9] Die Rheinpfalz, Regionalausgabe Pirmasenser Rundschau, Samstag, den 17. Dezember 2005, Seite 35

Schweizer in der Pfalz

Arthur Maibach

Die Schweiz war überbevölkert, der Boden konnte zu wenig Nahrung hervorbringen und die Täufer wurden geächtet und verfolgt. Dem gegenüber waren im Heiligen Römischen Reich Deutscher Nation nach dem Dreißigjährigen Krieg und den Seuchenzügen menschenleere Gegenden zu verzeichnen. Die Pfalz war davon besonders betroffen und suchte deshalb nach Familien, auch aus der Schweiz, die Dörfer wiederzubeleben, die Äcker zu pflügen und die Rebberge wieder zum Leben zu erwecken. So zogen Schweizer, darunter sehr viele aus dem Berner Oberland und aus Spiez, mit allen Habseligkeiten nach Norden, wo viele in der Pfalz eine neue Heimat fanden. Jeder konnte in seinem erlernten Beruf das seinige dazutun und das zerstörte Gebiet wieder aufbauen. Dabei waren auch Winzer aus Spiez und Faulensee, die den Rebbau in der Pfalz wieder zum Leben erwecken konnten.

Annweiler

Die Verbandgemeinde Annweiler am Trifels war eines der Ziele der Auswanderer aus Faulensee und Spiez. Da in dieser »Spiezer Veröffentlichung« ein Kapitel der Familie Fliehmann gewidmet ist, welche ihr Glück in der Pfalz, in der Region um Annweiler gesucht hat, werden wir uns nun mit diesem Gebiet der Pfalz befassen. Bei einem Besuch im Büro für Tourismus »Verein Südliche Weinstraße« in Annweiler am Trifels im Jahr 2015 erhielt ich von der zuständigen Leiterin eine Kopie des Textes »Unter der steinernen Krone« von Karl Heinz. Einen Text, der diese Stadt hervorragend erläutert, einen Text, aus dem ich nun einige Zeilen weitergeben werde: *Wie eine steinerne Krone leuchtet der Trifels hoch droben auf dem Sonnenberg über Wald und Wiesentälern. Selbst vom Weinland bei Albertsweiler her gesehen, ist er noch das beherrschende Moment der Landschaft. Zu denken, dass dieses Stück Erde der heutigen »Verbandsgemeinde Annweiler am Trifels« einmal Mitte eines gewaltigen Imperiums gewesen ist, das als letzte Hochblüte mittelalterlichen römischen Kaisertums bis hinunter ins mittelmeerische Sizilien reichte, lässt vor der Gegenwart bescheiden werden, so anspruchsvoll sie sich auch geben mag.*

Wo heute intim-kleinstädtisches Gewese ist, bürgerlicher Anspruch, Gediegenheit, Freundlichkeit, Gastlichkeit, war einst Machtbewusstsein und eine weltweite Politik zu Hause: Die Markward-Anlage zu Annweiler trägt den Namen eines Mannes, der solche Fakten verkörperte. Markward von Ann-

weiler war eine zwar im Licht der Geschichte nicht einheitlich angestrahlte Persönlichkeit, Reichstruchsess, Statthalter in Sizilien, Diener dreier Herrscher nacheinander; uneingeschränkt aber ist der Stolz Annweilers auf ihn. Er gilt gleichermaßen dem Kanzler Friedrichs II. Konrad von Scharfenberg, wie Markward in der engen Umwelt des Trifels geboren. – Am Stadthaus ist, sitzend, der Stadtgründer Friedrich angebracht, den staufischen Adler zu Füßen: Geschichte ist allgegenwärtig; sie ist die Wurzel unter dem Gras. Ohne Geschichtsbewusstsein leben, heißt ärmer sein. (...) Annweiler: ein Städtchen von 7000 und ein paar hundert Einwohnern, mit 755 Jahren die zweitälteste Stadt der Pfalz (älter ist nur Speyer), im Tal des Flüsschens Queich gelegen. (...) Nach dem Besuch Annweilers und des Trifels beginnen wir unsere Rundfahrt durch den Verbandsgemeindebereich auf gutes Gelingen bei einem Glas Wein: In Albertsweiler verzahnen sich Weinland und Bergland zu einer der schönsten Landschaften der Pfalz. Viele Häuser stehen auf weingefüllten Kellern. Mit 1400 Hektar Weinbergen ist der stattliche Ort, im Queichtal zu Füßen des Orensberges (mit seinem vorgeschichtlichen Ringwall) gelegen, am Bereich Südliche Weinstraße und dessen Prädikatsweinen beteiligt. Der Ortsteil St. Johann steht zwischen Wald- und Reben. (...) Einen Katzensprung von Annweiler entfernt sonnt sich Grä-

fenhausen in einem Tälchen, das im Ort endet. Hier kann man noch immer den einst hochgerühmten »Gräfenhauser Burgunder« probieren. Die Häuser sehen mit ihren hohen Treppenstaffeln nach Winzerhäusern aus, die Ausflügler nahmen sich den Krappenfelsen, Kammerstein und Sommerfelsen, wenn nicht gleich den Adelsberg zu Ziel.[10]

Nach diesem kurzen Besuch in Annweiler, der kleinen Stadt am Trifels, die durchaus gewisse Gemeinsamkeiten mit der Einwohnergemeinde Spiez hat, werde ich eine Namensliste von Schweizer Einwanderern in Annweiler anfügen. Die Liste habe ich freundlicherweise von Herrn Fliehmann erhalten. Ich werde nur den Familiennamen, den Vornamen und den Herkunftsort nennen:

Biber Jost, Thalwil
Birnbaum Peter, Langnau
Plattner Maria Veronica, Küttingen
Bloch Johann Rudolph, Bundkofen/Büttigkofen
Breit Anna Catharina, Bern
Brendling Jacob, Thalwil
Brinckert Jakob, ?
Bruder Peter, Berner Gebiet
Carle Jacob, mit Dreher Maria Salomea, Boltigen

[10] Karl Heinz, Unter steinerner Krone, Sonderdruck aus »»»Pfalz am Rhein«««, Heft 4, Verlag D. Meininger, Neustadt an der Weinstrasse.

Eply Bernhard, Berner Gebiet
Gerhardt Bendicht, Saanen
Hauswirth Jacob, Saanen
Lehmann Conrad, Rüdtligen
Lischer Heinrich, ?
Maagen Anna, Oberglatt
Mantz Hanss Heinrich, Wülflingen
Matter Augustin, Kaiseraugst
Metzger Martin, Hallau
Rittenweil Hanss, ?
Schletti Christian, Boltigen
Schmucker Ulrich, Berner Gebiet
Schopfer Peter, Saanen
Spreng Hanss Bernhard, Gerzensee
Sutter Melchior, Kirchrued
Suther Elisabeth, Simmenthal
Thomy Elisabeth, Schangnau

So weit einige Namen. Die Liste hat keinen Anspruch auf Vollständigkeit, soll jedoch aufzeigen, wie viele Schweizer Familien in dieser kleinen Stadt eine neue Heimat fanden.

Gräfenhausen

In der Jubiläumsschrift »825 Jahre Gräfenhausen, aus der Geschichte des Burgunderdorfes« fand ich einen Text von Erwin Unger mit dem Titel: »Der

Weinbau in Gräfenhausen«. Am Weinbau in Gräfenhausen und in großen Teilen der Pfalz haben mit großer Wahrscheinlichkeit auch Weinbauer und Winzer aus der Thunersee Region mitgewirkt. *»Der Weinbau in Gräfenhausen hat eine lange Geschichte – zum einen urkundlich belegte Ereignisse und zum anderen überlieferte Erzählungen. Auf einer Sockelplatte der am Burgunderweg aufgestellten Orgelpfeife ist zu lesen, dass die Zisterzienser-Mönche, aus dem 1147-48 entstandenen Kloster in Eussertal, die Reben in ihrem französischen Anbaugebiet in Orgelpfeifen versteckten und so unbehelligt über die Grenzen brachten, denn seiner Zeit war unter Strafe gestellt, die Reben aus dem Heimatland Burgund außer Landes zu bringen. (...) Die im Weinbau kundigen Mönche unterwiesen die Gräfenhausener Bauern bei der Pflege der Reben. (...) Dank einer Schenkungsurkunde aus dem Jahre 1335, wird belegt, dass die Schultheissenfrau Christine Breihäuptel aus Queichhambach, all ihre Güter zu Gräfenhausen »Mettenbach« und im »Hahnenbacher Gerichte« dem Abt vom Kloster in Eusserthal zu Eigen gibt. (...) in den Verkaufsurkunden aus dem 16. und 17. Jahrhundert Wingerte in Gräfenhausen und Mettenbach erwähnt.*

(...) Den Weinbauern in Gräfenhausen drohten, wie auch anderen Orts gefahren von der Rebkrankheit »Oidium«. Die 1850 aus Amerika einge-

schleppte Krankheit konnte mit Schwefel recht wirksam bekämpft werden. (...) Um 1885 kam der falsche Mehltau, die Peronospora, hier an. (...) das erste Auftreten der Reblaus (1895) in der Pfalz, stellte die Weinbauern vor neue Probleme. (...) Ab Ende der 50er Jahre ist ein steter Rückgang der Weinbaufläche zu verzeichnen. (...) Fünf junge Männer von namhaften Weingütern an der Südlichen Weinstraße gründeten 2002 die »Südpfalz Connexion«. Sie besannen sich der alten Gräfenhauser Lage, pachteten sich eine Parzelle in steiler Lage »Im Teich« und bepflanzten sie mit Spätburgunderreben.[11]

So wie in Gräfenhausen musste auch in Spiez mit Krankheiten gekämpft werden. Im Spiezer Weinberg machte der Verderber alle Reben zunichte, sodass 1915 alle Rebstöcke ausgemacht werden mussten. Die Anfänge des Rebbaus in Spiez gehen mit großer Wahrscheinlichkeit in die Hochburgundische Zeit zurück und hatten Bestand bis 1915, wo eine Wurzelkrankheit, ein Frost im Jahr 1913 und die Auswirkungen des ersten Weltkrieges den Untergang des Rebbaus in der Gemeinde Spiez bedeutete. Hans Barben steht am Anfang des heutigen Rebbau in der Gemeinde Spiez. Am 16. April kaufte er mit fünf Rebfreunden ein

---

[11] Erwin Unger, Der Weinbau in Gräfenhausen, Herausgeber: Annweiler-Gräfenhausen,
Gesamtredaktion: Verbandsgemeindearchiv Annweiler, Layout und Produktion: Meierdruck, Lingenfeld, 2014

Grundstück im Vogelsang und vier Monate später ein angrenzendes Grundstück welches eine Fläche von 376m² aufwies. Im Herbst 1929 konnten sie 50 Kilo Trauben ernten. Der Grundstock für das neue Aufblühen des Winzerdorfes Spiez war gelegt. Das Fass, in dem der erste neue Spiezer Wein gelagert wurde, ist in der neuen Dauerausstellung im Rebbau- und Heimat Museum in Spiez zu sehen.

Am 4. Juni 1971 wurde Hans Barben von der Gemeindeversammlung zum Ehrenbürger ernannt und ihm ist auch ein Weg in Spiezberg gewidmet. Um eine solche Ehre zu erlangen, ging sehr viel Enthusiasmus und harte Arbeit voraus.

Queichhambach

Im Buch »Heimatgeschichtliches aus Queichhambach« finden wir interessante Angaben zu Weinbau und Weinausschank. Im Text wird der Name Flickinger erwähnt, der ein Schweizer Auswanderer war, und diesen Text, »Vom Weinbau in Queichhambach und vom Weinausschank daselbst«, werde ich nun ungekürzt weitergeben.

Queichhambach hat nicht den Ruf, ein Weindorf zu sein. Und doch wird heute wie ehedem auf seiner Gemarkung Wein gebaut.

Der Anbau von Reben schien im 17. und 18. Jahrhundert manchem alten Waldbäuerchen der grosse Coup, aus seiner Not heraus zu kommen. Allüberall, wo der Boden einiges versprach, plagte man sich mit dem Roden der Rottbüsche, nicht nur um Röderkorn zu bauen, sondern sehr häufig, um Weinberge daselbst anzulegen.

Eine Bemerkung des Pflegers zu Eusserthal (»Ehe diese Sträuch und Büsch zu Weingarten gemacht worden . . .«) scheint diesen allgemeinen Drang zum Weinbau anzudeuten.

Queichhambachs Weingeschichte aber reicht noch viel weiter zurück. Für das Jahr 1571 gibt der Pfarrer an, dass ihm der Weinzehnte in diesem (in Gräfenhausen und Queichhambach) von 39 Morgen gebühre. Rechnet man dazu einen kleinen Teil privater Weinberg, so muss der Weinbergbestand dem Dorf immerhin den Charakter eines Weindorfes beschert haben. Schon vor dem 30-Jährigen Krieg 1601, klagte eine Notiz über den Rückgang des Weinbaues:

»Alle Güter sind in großen Abgang gekommen und sonderlich die Weingarten werden sehr ausgerottet«.

Der größte Teil der Queichhambacher Weinberge scheint auf dem Annweiler Wingertsberg gelegen zu haben, wie folgende Bemerkung (Ksch. Zw. Nr.196) dartut:

»Gleich wie auch die bei Queichhambach gelegenen Morgen (Weinberge) Rottbüsche gewesen sind«, obwohl diese Gegend im Gerichtsprotokoll Wingertsberg genannt wird, sodass vermutet werden kann, dass bereits früher alda Wingert gewesen sind«.

Mit Bezug auf die 16 Morgen heißt es noch 1733:

»Die 16 Morgen Weingarten auf Queichhambacher Bann gelegen, von denen die Bergzaberner Kirchschenschaffnei ehedem den Fruchtzehnten gezogen . . .«.

Aber auch sonst wie ist zu Queichhambach stets Wein gebaut worden. Vom dortigen Schultheissen heisst es 1668: »Ihm 1 Fuder Wein gewachsen.« Dies scheint wenig gewesen zu sein; denn ein Nachsatz besagt: » . . . sonderlich gottlob noch ein Vorrat.« Oberschulheiss Ribel bestätigt am 12. Mai 1669, dass »jetziger Zeit das Fuder Wein 1667-er Gewächs allhie à 20 fl Und 1668-er Gewächs das Fuder à 25- 26 fl Verkauft wird.«. 1686 scheint ein schlechtes Weinjahr gewesen zu sein, Schultheiss Decher musste zwei Fuder Wein von der Kellerei um 60 fl überwiesen erhalten. Ein glücklicher Zufall hat eine Karte des Queichhambacher Gebietes von 1740 im Landauer Stadtarchiv entdecken lassen. Auf ihr findet sich gegen den Albertsweiler Gemeindewald hin ein beachtlicher Weinbergbesitz eingetragen.

Mit dem Rückgang des Weinbaues ist davon in den Queichhambacher Akten immer weiniger die Rede.

Sehr viel Interessantes erfahren wir über den Weinschank zu Queichhambach. Ursprünglich war er das alleinige Hausrecht des Fronhofbeständers. Noch 1724 berichtet Keller Weiss: »Soviel ich weiß, ist niemand anders erlaubt gewesen, eine Wirtschaft oder Weinschank zu treiben, als dem Schulheiss und Beständer daselbst.

Die erste Erwähnung dieses Weinschankes erfolgt 1692. Schulheiss Descher bekennt, als das ich in diesem Jahr nicht ein Ohm Wein verzapft habe.« Zwei Jahr später berichtet er, dass der freie Weinschank »schlecht« gehe. 1695 spricht er von »den zum Hause gehörenden Weinschank, der ihm ausdrücklich vergönnet und bedinget worden sei«.

Auf dem Schultheissenhof sollte nur inländischer d.i. Wein aus Hornbach – Zweibrückischem Gebiet, verzapft werden. Bei Übernahme des Hofgutes 1701 scheint sich Schultheiss Flickinger gegen diese Bestimmung gewendet zu haben. Da er auch Wein von »außer Landes« verzapfen wollte, stellte man ihn vor die Wahl, die Auflage zu erfüllen oder den Hof zu verlassen.

1709 klagt der gleiche Hofpächter, dass er bei »gedachtem Weinschank statt Ergötzlichkeiten nur Schaden« empfinde, indem gar oft »Husaren« und andere Parteien sich bei mir einfinden, denen (ich) Brot und Wein ohne den geringsten Entgeld oder Bezahlung, wohl aber manchmal mit Schlägen herzugeben gezwungen werde; über das bei gegenwärtiger teurer Zeit kein Abgang von Wein bei mir.«

1716 ist es noch immer so. So verzichtete Flickinger auf die Wirtschaft, »Weilen der Weinschank wenig einbringt, habe ich vor einiger Zeit einem Gerichtsmann zu Queichhambach denselben neben mir verwilligt, welcher sein ungelt vom Wein gibt.«

Dieser Gerichtsmann ist der Schultheissen Bruder. Da aber der Weinschank ein Recht des Fronhofes war und zu dieser Zeit statt des Schultheissen ein anderer Pächter (Kempf) darauf saß, ersuchte dieser um das ihm zustehende Weinschankrecht, und erhob Beschwerde, »weilen bekanntlich die freie Wirtschaft zu gedachtem Hambach durch die andere Wirte dermaßen geschwächt, dass auch das höchste über ein Fuder Wein nicht verzapft werden kann.« (27. 3. 1730)

Kempf scheint mit seiner Beschwerde nicht viel ausgerichtet zu haben. Die Gebrüder Flickinger hatten bezüglich ihres Weinschankes wenigstens den Schein des Rechtes für sich. Als zeitweilige Pächter des Pfarrgutes (auch mit diesem war ein Weinschankrecht verbunden) glaubten sie, das darauf ruhende Schankrecht ausüben zu dürfen, wie es 1740 heisst. »da aber kein Wirt mehr an dortigem Haus war, hat der Schultheiss das Schankrecht auf sein Haus gelegt.«

Das Frohnhofwirtshaus stand indessen leer, wie eine Bemerkung von 1741 bezeugt: » . . .Da noch kein Wirt im Wirthaus sitzt, was doch geschehen sollte, wo man es nicht in Abgang kommen lassen sollte.«

Vielleicht war es dieser Unstand, dass nun die wieder neu erbaute Ziegelei ebenfalls mit einem Schankrecht begabt wurde, wie es der Bestandsbrief vom 4. 3. 1747 darlegt: » Wenn beabsichtigt würde, neben des Klosters Hornbach Freyhofs Beständer daselbst /in der Ziegelscheuer) Wein einzulegen und auszuschenken, soll ihnen solches hiermit erlaubet sein gegen Zahlung des üblichen Ungeldes.«

Das Schatzungsbuch von 1761 nennt Hofbeständer Nikolaus Dischbein »Verwaltungshofbeständer und Wirt«.

Außer ihm gab es noch einen Wirt auf der Queichhambacher Gemarkung, den auf der Rollwagenmühle: Christian Herbel.

Das Gewerbesteuerregister von 1844/45 führt die folgende Vielzahl von Wirten in Queichhambach auf:

Dörner Philipp Jakob, Weinwirt,
Breitling Franz, Weinwirt,
Seebach, Ziegler und Weinwirt,

Dürr Josef, Wein und Branntweinwirt.

Schon 1826 war ein Franz Kloss als Wirt erwähnt worden.

Nach 1850, vermutlich aus Anlass der neu errichteten Bahnlinie Landau/Zweibrücken, entstand auf Queichhambacher Gelände, gegenüber dem Bahnhof Albertsweiler, eine neue Wirtschaft, die lange Zeit von der Familie Mesner betrieben wurde. Sie besaß eine Konzession auf Bier, Wein und Likör.

Innerhalb des Dorfes führte schon vor 1837 eine Familie Flickinger am östlichen Dorfende neben der Bierbrauerei eine Wirtschaft. Am 23. 6. 1894 ersucht der Nachkomme Puster um Genehmigung zur Bauerweiterung und Aufführung eines Tanzsaales. Da ein solcher seit Jahren in Queichhambach fehlte, wurde ihm beides bewilligt.

Am 20. 9. 1889 erbat der Ackerer und Winzer Peter Weber in Konzession für eine Gastwirtschaft mit Fremdenbeherbergung, (!) das Jahr darauf ersuchte er um Genehmigung einer Weinwirtschaft.

Für sein Haus Spottweg Nr.1 bei Albersweiler erbat Adam Hocker 1926 um Genehmigung einer Bier- und Weinwirtschaft. Im folgenden Jahr wurde ihm der Flaschenausschank genehmigt.

Nachdem die ehemalige Wirtschaft im zweiten Weltkrieg ein Opfer der Bomben wurde, besitzt

Queichhambach nur noch die Wirtschaft Puster und die Albersweiler Bahnhofswirtschaft.[12]

Queichhambach war ein beliebter Ort für Auswanderer aus der Schweiz. Im vorangegangen Text begegnete uns der Name Flickinger (Flückiger) mehrmals. Die Familie Flickinger stammte aus Neuhof, Kanton Bern, und wird 1664/83 in Queichhambach erwähnt. Es handelt sich um Joseph Flickinger, seine Kinder Johannes Hans Adam, Hans Leonard und Heinrich Joseph.

Rinntal

In Rinntal vor dem Gedenkstein bei der Kirche erzählte mir Herr Fliehmann folgende Geschichte: Ein Nachfahre der Familie Fliehmann aus Faulensee, dessen Familie in Rinntal lebten, jedoch weiter nach Amerika auswanderten, wurde von der amerikanischen Armee im Verlaufe des Zweiten Weltkrieges nach Deutschland verlegt. Er kam als Amerikaner, als Soldat, ins Land seiner Väter und musste in der Pfalz gegen seine Landsleute vordringen. Dieser zum Amerikaner gewordene Urschweizer, danach Deutscher und schlussendlich

[12] Albert Lenhart, Annweiler-Bindersbach, heimatgeschichtliches aus Queichhambach, Druck. Karl Stock, Wernersberg, Herausgegeben von der Gemeindeverwaltung Queichhambach 1959, Seiten 113-116.

Amerikaner konnte seine Waffe nicht gegen seine Landsleute erheben und wurde von einer deutschen Kugel tödlich getroffen. Der Mann aus Faulensee, der über die Pfalz nach Amerika zog, kam zurück in die Pfalz und erlag einem Geschoss eines deutschen Landmannes.

Auf der Gedenktafel steht sein Name nicht, jedoch sind die Namen von Heinrich Fliehmann und Artur Fliehmann zu finden, auf der Tafel mit der Aufschrift: »Den Toten zur Ehr den Lebenden zur Mahnung, den Gefallenen des Weltkrieges 1939 – 1945. Dem Andenken ihrer gefallenen Söhne von der Gemeinde Rinntal«.

Somit hat auch die Gemeinde Spiez Menschen zu beklagen. Menschen, die nicht für das Land ihrer Väter, jedoch für das Land, das ihnen Freiheit und Nahrung brachte, kämpften und dies mit dem Leben bezahlten.

Frankweiler

Auch in Frankweiler stand ich neben Herrn Fliehmann vor der Gedenkstätte der Gefallenen des Zweiten Weltkrieges. Er war still und in sich gekehrt, ich las die Namen und fand »Emil Fliehmann«. Nach einer Weile sagte ich: »Auch aus diesem Dorf ist ein Herr Fliehmann im Krieg ums Leben gekommen.«

»Ja«, sagte er »das war mein Vater.« Die Familie lebte in Frankweiler, als Emil Fliehmann in den Krieg eingezogen wurde. Im Jahr 1944 wurde er in der Ukraine eines von 53'000'000 (dreiundfünfzig Millionen) Opfern. »Ich war vier Jahre alt, als ich meinen Vater verlor. Bei jedem ankommenden Zug, der Verwundete nach Hause brachte, rannte ich zum Bahnhof, in der Hoffnung mein Vater sei auch dabei. Er kam nie mehr«.

Die Stadt Pirmasens und ihr Umland

In der Einleitung zu dem von ihm erstellten Ortsippenbuch Pirmasens beschreibt Walter Siegl den Zustand des Amtes Lemberg, zu dem Pirmasens gehörte, zu Ende des Dreißigjährigen Krieges: Das Kirchenbuch führt für die Jahre 1640 und 1642 je fünf Geburten bzw. Taufen an, für 1643 vier, für 1645 noch zwei, für 1646 drei und für 1648 acht Kinder. Bald nach Kriegsende nahmen reformierte Schweizer da und dort die verwilderten Fluren unter den Pflug. Später folgten ihnen katholische Bauhandwerker aus Tirol und aus dem Allgäu. Im Übrigen gilt für diese Gegend das gleiche, was zum Holzland zu sagen war. Auch hier seien beispielhaft einige Namen samt Jahrzahlen genannt: Theodor Knerr aus Solothurn (1657), Peter Hoffmann, ein Schmied, aus Nidau im Ber-

ner gebiet (1674), Peter Bohrer aus Saanen (+1686), Erhard Müller aus Aeschi ob Spiez (+1695), Johannes Bär aus Ottenbach, Zürcher Gebiet (1697); und noch ein Zürcher, der Schreiner Heinrich Winkelmann (auch 1697) in Höhmühlbach.[13]

---

[13] Schweizer Einwanderer im Westrich 1650-1750, Zweibrücker Arbeitsgemeinschaft für Familienforschung, 1995, Seite 234

Die Familie Fliehmann

Wolfgang Fliehmann

Die Geschichte einer Auswanderung aus dem Berner Oberland: Die Gebrüder Christen und Bernhard Flühmann aus der Herrschaft Spiez .

Von Wolfgang Fliehmann

Einleitung: Über das Geschlecht Flüeman – Flühmann

In dem handgeschriebenen Buch »Genealogien der vorzüglichsten seit 1600 ausgestorbenen bürgerlichen Geschlechter von Thun« von 1822 im Burgerarchiv der Stadt wird die Familie Flühmann als ein alt bürgerliches Geschlecht beschrieben. Seit Anfang des 15. Jahrhunderts ist dort der Name urkundlich durch Henslin Flüman 1405 und Peter Flüman 1406 1) zum ersten Mal für die Schweiz belegt – von unserem heutigen Wissensstand aus gesehen. Ein späteres Auftauchen dieses Namens erfolgt in den Orten Spiezwiler 1530 2) Neuenegg 1532 3) Brienz und Brienzwiler 1559 4) Saxeten 1565 (oder später) und Spiez 1595. Weitere Bürgerrechte Flühmann außerhalb des Kantons Bern bestehen vor 1800 keine 5).

Wegen fehlender Schriftlichkeit im Mittelalter ist es nicht möglich, die oben genannten Familien auf eine einzige Stammlinie zurückzuführen, soweit das überhaupt zutrifft. Möglich ist aber, verwandtschaftliche Beziehungen innerhalb der alten Wohnsitze aufzuzeigen. Eine ähnliche Problematik spiegelt sich auch nach der Einwanderung in die Pfalz bei vier verschiedenen Flühmann-Familien im Raum Zweibrücken, Annweiler, Neustadt und Frankenthal wider 6).

Manche Träger des Flühmann Namens in der Schweiz, nach Telefonanschlüssen hochgerechnet schätzt man sie heute auf etwa 776 Personen, gehen von der Annahme aus, dass die Familie ursprünglich aus Neuenegg stammt, weil Familien sich von dort über mehrere Kantone wie Basel, Luzern, Neuchatel (Neuenburg), Waadtland (Vaud) und Zürich ausgebreitet haben 7). Andere meinen, vielleicht stamme die Familie aus dem Brienzer Raum, wo sie seit dem 16. Jahrhundert bis heute ihre Wohnsitze hat. Zieht man aber in Betracht, dass in Thun der Name Flühmann bisher am frühesten für die Schweiz belegt ist und dass sich im Mittelalter die Familiennamen zuerst in den Städten und dann in den ländlichen Regionen durchgesetzt haben, so lässt dies nur den Schluss zu, dass nach heutigem Wissen sich der Name Flüeman wohl auf dem Herrschaftsgebiet der Stadt Thun entwickelt hat. Der Familienname Flüeman, im Volksmund »Flüeme« genannt, dürfte zumindest bis in die zweite Hälfte des 14. Jahrhunderts zurückreichen. Er hat mit Sicherheit auch ohne Schriftlichkeit schon vor 1405 bestanden.

Flühmann ist ein typischer Wohnstättennamen und bezeichnet nichts anderes als eine Person, die ihre Wohnstätte an einer jäh abfallenden Felswand, einer steilen Halde, an schwerzugänglichen Rasenbänken oder Almtriften hatte. In einer Urkunde des Thuner Archivs wird zum Beispiel in einem Kaufvertrag von 1347 ein Welti (Walter) a der Flü erwähnt. In anderen Urkunden wird ein Peter ze der Flü, ein Hanns zer Flü oder ein Moritz uff de Flü genannt 8).

In seiner 600-jährigen Geschichte hat sich somit der Name Flüeman nur leicht in seiner Schreibweise, nicht aber in seinem Wesen geändert. Es ist wohl kein Zufall, dass dort, wo die Schweizer Berge am höchsten sind, im Berner Oberland, sich der Name Flüeman – Flühmann entwickelt hat. Die Faulenseer Nachfahren, die in die USA auswanderten und dort ihren Namen u.a. in Fleeman oder Fleahman anglizieren ließen, haben sich alle an die phonetischen Vorgaben ihres uralten Schweizer Namens gehalten. Wer weiß oder ahnt schon, dass viele von ihnen aus Faulensee am Thuner See stammen.

Einige Flühmann-Familien des Kantons Bern haben örtliche oder regionale Familienwappen angenommen, die auf die Amtssiegel der beiden Venner Hanns und Andres Flühmann aus Thun zurückgehen. Ausnahmen bei der Wappenannahme bilden Neuenegg mit dem Mühlrad, Faulensee mit dem Wandersmann aus der Herrschaft Spiez und Saxeten mit dem Steinbockgeweih 9). Von den bisher überlieferten Familienwappen ist das Wappen von Faulensee 10) das einzig gesetzlich geschützte Wappen, das bis zum Stammvater aufgelassen wurde. Es darf somit von den Schweizer, Deutschen und der großen Anzahl amerikanischer Verwandten angenommen werden.

I. Die Einwanderung ins Annweiler Tal um 1708

Zu der vierer Einwanderungsgruppe aus Spiez gehörten Christen Flühmann mit seinem Söhnchen Daniel, sein jüngster Bruder Bernhard und die Verwandte Barbara aus Spiezwiler 1), einem Nachbarort von Faulensee. Christen und Bernhards Eltern waren Jacob Flümann aus Faulensee und Elsbeth Kammer aus Frutigen. Sie heirateten am 17. Dezember 1662 in der uralten Kirche von Spiez. Am Ende des 18. Jahrhunderts ist die Familie kaum noch dort anzutreffen. 1798 ist Jacob Flühmann der letzte seines Geschlechts mit Bürgerrecht 2).

Wann die Vier ihre Reise zu dem etwa 330 km entfernten Annweiler antraten, kann man nur vermuten. Es muss um das Jahr 1708 gewesen sein, zu einem Zeitpunkt als die Bevölkerungszahl von Gräfenhausen ihren absoluten Tiefststand erreicht hatte. Mit Sicherheit hatten die Spiezer Vorkenntnisse von der Pfalz, etwa durch Rückmeldungen der Saisonarbeiter aus dem Berner Land. Mit Sicherheit wussten sie, dass in der Region Annweiler Landsleute aus ihrer näheren Heimat wohnten, dass in dem Herzogtum Zweibrücken, zu dem Annweiler gehörte, die Ansiedlung steuerlich gefördert wurde 3).

Warum sich die Schweizer Einwanderer für den Annweiler Raum entschieden, mag nicht nur an dem reichlichen Angebot an Land und den guten finanziellen Startmöglichkeiten gelegen haben, sondern muss auch etwas mit ihrem Heimatgefühl zu tun haben. Damals wie heute war und ist es vermutlich für einen Schweizer immer noch schwer, seine Berge, seine Heimat zu verlassen. Die interessante Felsszenerie südlich der Queich, die bewaldeten Höhen der Haardt, die großen Rebflächen entlang des Pfälzer Waldes, das befestigte Annweiler, die imposante Burgruine Trifels, die alte Kirche in der Stadt, all das mag sie an Spiez erinnert haben und ihnen die Entscheidung für das Annweiler Tal leichter gemacht haben.

Am 25. März 1710 werden die Zuwanderer aus der Herrschaft Spiez zum ersten Mal in der Pfalz aktenkundig. Bernhard Flühmann, 1682 in Faulensee geboren, heiratete in der Kirche von Queichhambach Maria Catharina Haucken (x 1687), die Tochter des Gerichtsmannes und Ältesten von Gräfenhausen. Seine schwer lesbare Heiratsurkunde im Kirchenbuch Annweiler ist der einzige Beweis, dass seine Familie aus Faulensee (Fulensee) in der Schweiz (Schwitz) stammt. Mit der Heirat war eine leichte Namensänderung verbunden: Aus dem allemanischen Flühmann wird ein pfälzisch fränkisches Fliehmann.

Für seinen Bruder Christen war es höchste Zeit zu heiraten. Seine Lebensgefährtin Anna Elisabeth Metzger war 13 Jahre jünger als er und hatte ihm bereits am neunten April 1710 eine Tochter mit Namen Maria Barbara geschenkt. Patin seines Kindes ist die Ehefrau des Fauthes von Gräfenhausen Maria Catharina Breders. Mit dem Zweitnamen Barbara wollte er seine Schwester im fernen Faulensee ehren. Das Paar heiratete am 11. November 1710 in der Kirche von Queichhambach und ließ sich in dem zerstörten Mettenbacher Hof nieder. Für Christian war es die zweite Ehe, da er vermutlich als Witwer aus der Schweiz kam.

Am 24. November 1711 heiratete Barbara Flühmann aus Spiezwiler einen Johann Georg Cuntz ebenfalls in der Kirche zu Queichhambach.

So waren alle drei erwachsenen Fliehmänner innerhalb von zwei Jahren wirtschaftlich und sozial gut verankert. Christen wohnte auf dem Mettenbacher Hof nur einen Kilometer von seinem Bruder und seiner Verwandten Barbara entfernt. Sein Söhnchen Daniel war während seiner Jugendzeit bei ihm und gründete 1721 eine eigene Linie in dem Weinort Frankweiler. Alle drei Faulenseer waren in der Landwirtschaft in dem zerstörten Mettenbacher Hof und im Weinbau tätig und kamen trotz politischer und wirtschaftlicher Hindernisse mit ihrer Hartnäckigkeit und ihrem Fleiß zu Wohlstand, vermutlich auch deshalb, weil sie ihren alten Tätigkeiten in der Heimat treu blieben.

II. Die Linie von Christian Fliehmann zu Mettenbach ab 1710

Der Mettenbacher Hof war eine Fliehmann-Enklave im Annweilerer Tal. Er lag auf halber Strecke zwischen Queichhambach und Gräfenhausen auf der linken Seite. Nach dem ersten Plan um 1750 1) bestand er damals aus fünf Gebäuden, wenn man dem französischen Kartographen Glauben schenken kann. Im Prinzip bestand er nach Christians Tod aus zwei Gutshöfen und einer Annexe. Nach dem 1765 aufgestellten Personenstandsregister lebten dort: Wilhelm mit seiner Familie (9 Personen), sein 14 Jahre jüngerer Bruder Bernhard mit seiner Familie und einem Knecht (6 Personen), eine dritte calvinistische Familie (4 Personen) und ein altes katholisches Ehepaar aus Bayern (2 Personen), insgesamt 21 Personen, davon 14 mit dem Namen Fliehmann. In dem Register wird außerdem die Familie des Georg Fliehmann im Dorf mit 8 Personen erwähnt. Die Sippe gehörte bei einer Gesamtbevölkerungszahl von etwa 140 Personen mit 22 Personen zu einer der bevölkerungsstärksten Gruppen im Tal 2). Die Mettenbacher fühlten sich immer zu Gräfenhausen zugehörig, weil sie zusammen mit Rodenbach seit frühesten Zeiten eine gemeinsame Gemarkung bildeten. Im Gegensatz zu Rodenbach ist über den Weiler Mettenbach so gut wie nichts bekannt. 1609 zählte das Dörfchen 24 Seelen 3). Die zerstörte Hofanlage des Klosters Eußerthal wird Christen Fliehmann als Eigentum übergeben bei Erlassung der auf den Gütern ruhenden Kapitalschulden 4). Nach dem zweiten Plan von 1843 dürfte der Mettenbacher Hof mit drei Wohnhäusern und vier Wirtschaftsgebäuden seine endgültige Größe erreicht haben 5).

Als armer Mann fing Christian finanziell bei Null an. Er besaß kein Geld, um zu investieren, sondern musste aufbauen. Es war seine und seiner Frau Lebensleistung, den Hof wieder baulich und wirtschaftlich in Gang gesetzt zu haben. Bei seinem Tode 1744 stellte das Anwesen ein beträchtliches Vermögen dar. Sein ältester Sohn Daniel erhielt als Erbe 1745 eine Summe von 465 fl., eine für die damalige Zeit beträchtliche Menge Geld, für die man einen Hof kaufen konnte 6).

Für seine Ansiedlung hatte sich Christian einen strategisch günstigen Wirtschaftsplatz ausgesucht. Mettenbach lag mitten in den Gräfenhausener Weinlagen, die schon seit 1335 von dem früheren Gräfenhausen, schräg gegenüber dem Mettenbacher Hof gelegen 7), zum Annweilerer Wingertstal hinüberreichten 8). Zwei Mühlen lagen in unmittelbarer Nachbarschaft und in dem nahen Annweiler konnte er Geschäfte tätigen. Christian muss sich wohl in der Weinproduktion gut ausgekannt haben, sonst hätte er sich nicht für diesen Platz entschieden. Schließlich kam er aus einem weinbautreibenden Uferdorf des Thuner Sees 9.) Der Start in Mettenbach war äußerst schwierig. Die Familie bekam die vierte Belagerung von Landau während des Spanischen Erbfolgekrieges 1713 hautnah mit. Die Einwohner konnten sich nicht mehr in ihren Häusern aufhalten und mussten in die Wälder fliehen. 1724 wurde in Queichhambach immer noch über die harten Zeiten geklagt, die es schwer machten, Weib und Kind zu ernähren 10).

Die Verbindung nach Frankweiler zu seinem erstgeborenen Sohn bestand nach wie vor, auch noch bis in die nächste Generation.

Aus Christians zweiter Ehe gingen mindestens sieben Kinder hervor, fünf Mädchen und die zwei Jungen Wilhelm und Bernhard, die später das väterliche Erbe weiterführen sollten. Im Alter von 73 Jahren starb Christian auf seinem Hofgut. Mit seiner Lebensleistung konnte er zufrieden sein. Seine Frau überlebte ihn um 15 Jahre. Beide erreichten für die damalige Zeit ein hohes Alter. Sie wurden auf dem Friedhof um die Queichhambacher Kirche beigesetzt So sollte es für die Fliehmänner bis Anfang des 19. Jahrhunderts geregelt sein.

Nach dem Tod des Vaters 1744 war der älteste Sohn Johann Wilhelm (x 1716) Hofmann zu Mettenbach geworden und musste die Erbangelegenheiten mit seinem Halbbruder Daniel in Frankweiler abwickeln. Johann Wilhelm hatte die zwei Jahre jüngere Maria Barbara Panner vom Gut Lindelbrunn ein halbes Jahr vor seines Vaters Tod geheiratet. Das Paar hatte acht Kinder, darunter drei Söhne, die alle ins Heiratsalter kamen. Die Familie war im Dorf angesehen. Wilhelm war in der reformierten Kirchengemeinde von Queichhambach zum Kirchenältesten gewählt worden und zwei Jahre vor seinem Tode war er noch Gerichtsmann von Gräfenhausen. Wilhelms jüngerer Bruder

Bernhard (x 1727) wohnte als Ackersmann mit seiner Familie bei ihm auf Mettenbach.

In der dritten Einwanderungsgeneration kommt es unter Johann Wilhelms ältestem Sohn Johann Adam (x 1751), dem neuen Herrn zu Mettenbach, zu einem moralischen Abstieg in der Familie. Der Grund mag der frühe Tod seiner Frau Susanna Elisabetha Stübinger (+1796) gewesen sein. Seine beiden Söhne Georg Adam (x 1777) und Johann Heinrich (x 1780) entzogen sich seiner Kontrolle. Sein ältester Sohn Johann Friedrich lebte nicht auf Mettenbach, sondern diente als Soldat unter verschiedenen Potentaten. Vierundzwanzig Jahre lang blieb er ein verrohter Witwer, bis er plötzlich, ohne eigentlich krank zu sein, an der Engbrüstigkeit (Asthma) im Alter von 69 Jahren starb.

Noch in der vierten Generation kam es nach den Napoleonischen Kriegen 1815 zu einer schweren gesellschaftlichen Krise, die sich durch weitgehende Armut im Annweiler Land bemerkbar machte. Wald und Land konnten die Bevölkerung gerade noch ernähren.

Die Verteilung des Rothenbusches durch die Gemeinde im Jahre 1835 war ein letztes Mittel, die Jugend vor der Auswanderung nach Nordamerika abzuhalten 11). Wer von der Landverteilung am meisten profitierte, waren die großen Familien wie Bäcker, Fliehmann und Hauck. Von den 129 Grundbesitzern erhielt jeder ein Los von 18 bis 20 ar, wobei das Wingertland gleichmäßig verteilt wurde. Neben Hauck wurden sieben Fliehmann-Familien genannt, davon zwei vom Mettenbacher Hof 12).

Es war das letzte Mal, dass sich das Fliehmann-Familiensystem in seiner Geschlossenheit zeigte. Sie gehörten zahlenmäßig nicht nur zu den größten Familien im Dorf sondern neben Koch, Katzengro, Becker, Hauck, Handwerker, Kämmerer und Aubel 13) auch zu den angesehenen und ältesten.

Von 1820 bis1824 war Peter Fliehmann Gemeinderatsmitglied. Sein Name ist auf der kleinen politischen Gemeindeglocke von Gräfenhausen in Bronze gegossen 14).

III. Die Linie Bernhard Fliehmann in Gräfenhausen ab 1710.

Christians jüngster Bruder Bernhard ließ sich im Talkessel des Dorfes bei seinen Schwiegereltern nieder. Der Weiler »Krevenhaußen« war damals eine Straßensiedlung und umfasste um 1750 etwa 15 Häuser, wenn man dem Kartenmacher Glauben schenken kann. Aus Bernhards Ehe mit Maria Katharina Hauck lassen sich fünf Kinder nachweisen, drei Söhne und zwei Mädchen. Der älteste Sohn Johannes Georg (x 1713) führte als einziger die Linie weiter, während seine beiden Brüder Johannes Jakob (x 1718) und Johannes Matthias (x 1724) mit dem Segelschiff in die englischen Kolonien auswanderten, Matthias 1741, Jakob 1749.

Die Schiffsreise von Jakob ist auf einer Liste aus dem Hafen von Philadelphia dokumentiert. Mit 79 Männern ging er in Rotterdam unter Kapitän Robert Mitchell an Bord des Schiffes Isaac und setzte dann von dem englischen Hafen Cowes zu den englischen Kolonien über. Am Mittwoch, dem 27. September 1749, legte er im Gerichtshaus von Philadelphia seinen Treueeid auf die königliche Regierung ab 1).

Weiterhin gibt es vier weitere Fliehmann-Auswanderungen im 18. Jahrhundert: Johann Adam 1751, Friedrich 1767, Gottfried 1767 und Andreas 1770 2).

Ähnlich wie sein Cousin Johann Wilhelm auf dem Mettenbacher Hof war Johann Georg aus der zweiten Generation Gerichtsmann zu Gräfenhausen. Man kann daraus schließen, dass diese Nachkommen der Faulenseer in gutem Ansehen standen. Mit seiner aus Gräfenhausen stammenden Frau Maria Elisabeth Kämmerer hatte er zehn Kinder, fünf Mädchen und fünf Jungen. Vier der Jungen sollten heiraten und die Familie somit auf eine breite Basis stellen. Nach einem erfüllten Leben starb er geachtet im Alter von 73 Jahren an Fleckfieber.

In der dritten Generation reichte der Boden zur Ernährung der Fliehmann Familien in Gräfenhausen gerade noch aus. Johannes Adam, der jüngste der vier Brüder, zog hinüber über den Berg und wurde der Stammvater der Linie Rinnthal, die heute in den USA weiterlebt und über Frau Grace Buchanan aus Montana, USA den Kontakt zur Verwandtschaft in Deutschland wieder aufgenommen hat.

IV. Der Große Exodus von Gräfenhausen nach den USA ab 1839.

Durch weitverbreitete Armut und durch anfallende Missernten setzte im Ort 1839 das sogenannte Amerika-Fieber ein. Im Juli berichteten Gemeinderatsprotokolle von bevorstehenden Auswanderungen. Die Schülerzahl ging im September des gleichen Jahres von 121 auf 90 zurück 1). In den folgenden Jahren wurde das Familiensystem Fliehmann sowohl in Mettenbach als auch in Gräfenhausen zerschlagen. Aus den USA bekam man genügend Rückmeldungen wie etwa »Hier hat man ein viel besseres Leben als in Deutschland«. Man war sich bewusst, dass man dort ebenfalls hart arbeiten müsse, aber es doch zu etwas bringen könne 2). Der Erfolg sollte den Gräfenhausener recht geben. Abgesehen von den staatlich bürokratischen Hindernissen waren die Auswanderungen aus der Pfalz durch Agenturen gut organisiert. Mehrmals wöchentlich fuhren schnellsegelnde Postschiffe und Dreimaster über London, Rotterdam, Le Havre, Antwerpen und Bremen nach New York und New Orleans 3).

In **Mettenbach** wurden durch Auswanderungen die Familien der beiden Brüder Johann Georg – Louisa Schröder und Jakob – Katharina Böhlert aufgelöst. Im September 1844 wanderte Louisa mit ihren beiden Töchtern Elisabeth (x 1828), Katharina (x 1830) und dem Stiefsohn Philipp Jakob (x 1816) auf dem Schiff Baltimore von Le Havre nach New York aus 4). Ihr Sohn Johann Adam war 1842 vorgereist und hatte die Voraussetzungen für den Nachzug der restlichen Familie vorbereitet. Sie ließen sich in Woodsfield, Monroe County, Ohio nieder, einem Staat, in dem neben Pennsylvania die meisten deutschen Siedler wohnten. Hier ließen sich auch bevorzugt die Gräfenhausener nieder.

Über die Familie des Patriarchen Johann Adam sind wir gut informiert: Sie sind traditionsbewusst, weitverzweigt, wissen um ihren Ursprung in Gräfenhausen. Johann Adam durchlief eine militärische Karriere. 1861 lässt er nach seinem Eintritt in die Unionsarmee als erster Leutnant in einem Regiment seinen Familiennamen in Fleahman umwandeln. Er heiratet Magdalena Neuhart und hatte mit ihr 13 Kinder: zehn Jungs und drei Mädchen. Es werden zwei frühe Porträts von Lena und Adam aufbewahrt, außerdem sein Säbel und ein militärischer Orden 5)

Nach dem Tod von Jakob Fliehmann, Senior auf dem Mettenbacher Hof, am 1. März 1852 wanderte seine ganze Familie nach Nordamerika aus: Nicolaus (x 1826) war schon 1850 auf der Lemuel Dyer von Le Havre nach New Orleans ausgewandert, wo er am 5. Dezember ankommt 6). Im Hamilton County, Ohio, heiratete er 1852 Barbara Nagly. Im August 1852 zogen weitere sechs Personen mit dem Schiff Dublin von Le Havre nach New York nach, wo sie am 18. September nachkommen 7). Es waren die Mutter Katharina im Alter von 56 Jahren, ihr Sohn Jacob (x1823), der noch kurz vor der Abreise im Juli 1852 in Siebeldingen Susanna Sybille Nägle heiratete. Das Paar ließ sich im Bracken County, Kentucky, nieder, wo sie Land für eine große Farm aufkaufen (257 acres land). Beide wurden auf dem Lenoxburg Cemetry begraben und ihr Grabstein ist bis heute erhalten geblieben. Der jüngste der drei Bruder Heinrich Jakob (x1833) reiste mit Sondergenehmigung mit 8). Zur Reisegruppe gehörten außerdem Matheus (x 1829), Barbara und Philippine.

In **Gräfenhausen** wagten vor 1843 drei Töchter des Ehepaares Johann Jakob Fliehmann – Eva Elisabetha Schmalenberger mit ihren Ehepartnern den Sprung über den großen Teich: Margaretha (x 1809), Juliana (x 1811) und Elisabetha (x 1815) 9). Im Juli 1843 befand sich bereits Georg Adam Fliehmann in Amerika. Seine Frau Elisabetha Ecarius befand sich zu diesen Zeitpunkt noch in Gräfenhausen 10)

Ab 1843 ließen sich die drei Söhne des Ehepaares Conrad Fliehmann und Anna Barbara Fliehmann in Ohio nieder. Philipp Jakob (x1819) heiratete 1848 in Woodsfield, Monroe County, Ohio eine Katharina N.N. Ihre Kinder wurden alle dort geboren und behielten ihren deutschen Familiennamen bei. Sie wohnten neben dem mittleren Bruder Johannes Jacob, der sich noch im März 1843 mit Sophia Steigleiter aus Hofstätten verheiratet hatte. Die Überfahrt von Jacob und Sophia dauerte vierzig Tage. Ihr ganzes Hab und Gut hatten sie in einer Auswanderer Kiste untergebracht mit einer Schublade unten und vier Beinen. Das kleine Möbelstück wurde noch heute in der Familie aufbewahrt 10) Mit Ausnahme ihrer Tochter Katharina wurden ihre restlichen fünf Kinder alle im Monroe County geboren. Die Gräber des Patriarchen und seiner Frau Sophia sind bis heute erhalten. Die Familiengeschichte ist gut aufgearbeitet 11).

Der jüngste Bruder Konrad (x 1826) wanderte 1853 aus und heiratete um 1857 die neun Jahre jüngere Katharina Rübel im Monroe County, Ohio. Aus ihrer Ehe gingen neun Kinder hervor, die den Namen Fleeman annahmen. Auf tragische Weise kam ein Urenkel Conrads Eugene Louis Fleeman im Dezember 1944 bei Saarbrücken ums Leben. Als Soldat war er mit seiner Einheit auf dem Weg in die Pfalz, der Heimat seiner Vorfahren, als er morgens von einem Heckenschützen der Wehrmacht erschossen wurde. Ein Mitglied der Familie hat sich die Mühe gemacht, die Familiengeschichte seit der Einwanderung aufzuarbeiten 12).

1848 wanderte Jakob Fliehmann mit Frau Elisabeth Katzengroh und seinen zwei Mädchen von Le Havre nach New Orleans aus 13).

In der Regel konnten sich die Gräfenhausener in der Neuen Welt erfolgreich durchsetzen. Sie hatten gute Kenntnisse über die Qualität der Böden, waren fleißig und sparsam. In der Tat, sie führten hier ein besseres Leben als in der Heimat.

V. Die Linie Daniel Fliehmann in Frankweiler ab 1721.

Johann Daniel Fliehmann, der Sohn von Christian Fliehmann aus Mettenbach dürfte kurz vor 1700 in der Nähe von Spiez geboren worden sein. Der Geburtsort und der Name seiner Mutter sind bis jetzt nicht bekannt. Mit seinem Vater machte er die lange Reise von Spiez in die Pfalz mit, verbrachte seine Jugend auf dem väterlichen Hofgut Mettenbach, wo er lernte, wie man einen Hof führt. Von den Faulenseern sind wir über ihn am besten informiert. Über die Steuerbücher von Frankweiler haben wir auch gute Kenntnisse über den Besitzstand seines Sohnes Gottfried und dessen Frau 1). Daniels Haushälterin hatte peinlich genau Material zusammengetragen, das für einen Prozess gegen seinen Sohn und seine Schwiegertochter verwandt werden sollte. Die Prozessakte wird heute noch im Landesarchiv Speyer aufbewahrt 2). Vermutlich hatte er seine reiche Frau Anna Maria Martin auf der dreitägigen Kirchweih in Frankweiler kennengelernt, ein Ereignis, das sich die jungen Burschen nicht entgehen ließen. Mit seiner Frau hatte er eine gute Partie gemacht. In Frankweiler wohnte er in einem klassischen Weinort, in dem sich zahlreiche Schweizer Landsleute niedergelassen hatten. Er baute sich ein Haus samt Kelterhaus und Stallungen auf der rechten Seite der Obergasse, zwischen den Häusern Brand und Feinthel. Sein Baugrundstück mit Garten erstreckte sich bis zur Holzgasse hinauf. Er hatte ein beträchtliches Vermögen an Weinbergen. Er war gut ausgestattet mit Fässern und Zubern. Seinem

Betrieb fehlte es an nichts. Er konnte sich sogar ein Reitpferd mit einem Ledersattel leisten.

Mit seiner Frau Anna Maria hatte er insgesamt sieben Kinder, vier Mädchen und drei Buben. Alle vier Mädchen verstarben recht bald, Georg Daniel nach zwei Jahren, Johann Georg nach 16 Jahren. Nur sein jüngster Sohn Gottfried wurde erwachsen. Mit ihm hatte er größte Schwierigkeiten, nachdem seine Frau Maria Barbara 1759 starb. Seine Mutter hatte auf die religiöse Erziehung ihres einzigen ihr noch verbliebenen Sohnes viel Wert gelegt, vielleicht hatten sie ihn auch zu sehr verwöhnt. Die letzten 14 Jahre seines Lebens war Daniel Witwer und musste sich eine Haushälterin leisten. Der Sohn ging desweilen ein und aus und machte Schulden. Seine Probleme wurden immer drückender.

Johann Gottfried war von Beruf Metzger und heiratete im Januar 1766 seine Frau Maria Barbara Feindel. Die Tochter Anna Barbara kam 1765 zur Welt, der Sohn Johann Jakob im Januar 1767. Wohl im Mai des gleichen Jahres verließ er Frau, Tochter und Sohn. Er entwich nach Amerika, wie es einige Quellen kundtun. Über sein weiteres Schicksal ist bis jetzt nichts bekannt. Seine Flucht bedeutete für die Familie einen sozialen Abstieg. Sein Sohn Johann Jakob wuchs somit vaterlos auf. Als Winzer heiratete er die Hebamme Katharina

Barbara Heft und bekam mit ihr elf Kinder, von denen fünf früh starben.

Ihr Sohn Georg Jakob (x 1795) führte in Frankweiler die Linie weiter. Kein Vater der Fliehmann-Sippe war durch Kindestod so sehr gepeinigt worden wie er. Von seinen dreizehn Kindern musste er den Tod von zehn erleiden. Nach dem elften Kind starb seine Frau 1842 im Kindesbett und er heiratete ein zweites Mal.

Seine Schwester Maria Elisabetha (x 1808) gebärte 1842 unehelich ihren Sohn Johann Adam I., von dem es noch ein altes Bild gibt. Sie war die Stammutter der Frankweiler Nebenlinie, die den Mutternamen weitergibt. Diese Linie wurde bekannt durch ihre politische und soziale Begabung: Jakob Fliehmann (x 1872) diente in der kaiserlichen Garde in Berlin und wurde zweiter Bürgermeister im Ort. Sein Sohn Friedrich (x 1914) war erster Bürgermeister von 1956 bis 1974 und Mitglied im Gemeinderat von 1948 bis 1979. Er knüpfte die ersten Kontakte zu Frankweilers heutiger Partnerstadt Cullman in Alabama, USA. Sein Heimatort verlieh ihm die Ehrenbürgerwürde, ebenso die beiden amerikanischen Städte Cullmann (1973) und Huntsville (1975). Militärisch wurde er mehrfach ausgezeichnet. Er ist von der Linie Frankweiler die bekannteste Persönlichkeit 3).

1846 wurde mein Urgroßvater Johann Adam II geboren, der Sohn von Georg Jakob, verheiratet in 2. Ehe mit Barbara Arnold. Johann Adam baute sich mit seiner Frau nach der Heirat 1871 ein Haus oben am Steigert, Jakob Fliehmann 1875 ein Haus in der ehemaligen Hauensteiner Straße. Die Linie Frankweiler betriebtnoch als einzige der drei Faulenseer Patriarchen-Familien von 1721 bis in die Gegenwart Weinbau über die Nebenlinie Johann Adam I. Die Linie Johann Adam II wird den Namen weitergeben, aber nicht mehr in Frankweiler.

VI. Die Linie Johann Adam Fliehmann in Rinnthal ab 1786.

Der Begründer der Rinnthaler Linie war der Ackersmann und Schneider Johann Adam Fliehmann aus Gräfenhausen. Er wurde dort 1758 als Sohn des Gerichtsmannes Johann Georg Fliehmann und dessen Ehefrau Maria Elisabetha Kämmerer geboren. 1786 heiratete er in der Wilgartswiesener Kirche in erster Ehe Katharina Louisa Kocher. Aus dieser Ehe ging als drittes Kind Leonhard hervor (x 1792), der 1832 mit seiner Familie nach Nordamerika auswandern wollte. In dem Gutachten des Gemeinderates von Rinnthal vom 25. Februar 1833 heißt es, »dass er gegen dieses Gesuch nicht das Geringste einzuwenden hat, daher demselben die verlangte Erlaubniß ertheilt werden möge« 1). Das Paar musste Haus und Land verkaufen, um Bargeld für die Auswanderung zu generieren. Ihr Haus wurde im Zweiten Weltkrieg durch eine amerikanische Fliegerbombe im Januar 1945 zerstört. Die Anfahrt nach Le Havre dauerte in der Regel 10 Tage und ging über Zweibrücken, Metz, Paris, Rouen nach Le Havre. Dort musste man sich mit Lebensmittel für die Überfahrt eindecken. Die teuersten Posten auf zwei Personen umgerechnet waren: 1 Zentner Zwieback, 3 große Schinken von fast 20 Kilo, 3 Pfund Kaffee und 6 ½ Pfund Zucker sowie Wein und Brandwein 2). Ein Segelschiff nach New York benötigte damals um die 40 Tage, wobei man mit schweren Stürmen rechnen musste. Das Paar, das vermutlich nicht lesen und schreiben konnte, ließ sich in Bridgewater, Washtenaw County 3), Michigan, USA nieder. Sie waren begleitet von ihren 3 Söhnen Georg Jakob (x 1813), Johannes Jakob (x um 1816) und Johann Leonhard (x 1818). Die Kaufurkunde für den Erwerb ihrer Farm (1835) ist bis auf den heutigen Tag erhalten. Die Siedler bauten zuerst ein Blockhaus, in dem sie den ersten Winter verbringen konnten, Ställe für das Vieh, ein größeres Wohnhaus später für Johann Leonhard Fliehmann junior und seine Frau Angelika Rheinfrank. Sie pflanzten Weizen an, hielten sich eine Kuhherde und Pferde sowie einen großen Gemüsegarten wie in der Pfalz. Ihre und ihrer Kinder Grabsteine sind bis auf den heutigen Tag erhalten.

Der jüngste Sohn Johann Leonhard führte mit seiner Frau Angelica Rheinfrank die Farm in Bridgewater weiter. Aus der Ehe gingen insgesamt zwölf Kinder hervor: sechs Buben und sechs Mädchen. In der dritten Generation zeigen sich große künstlerische Begabungen der Rinnthaler: Jacob William (x 1881) wurde Maler, seine beiden Schwestern Lilly und Grace wurden mit großem Erfolg Sängerinnen im Konzertfach. Die Nachfahren von Leonhard Fliehmann und seiner Frau Barbara leben bis auf den heutigen Tag weiter 4).

Drei Kinder seines reicheren Halbbruders Johannes Conrad Fliehmann sollten ebenfalls nach Amerika nachfolgen. Elisabeth (x 1828), Heinrich Jacob (x 1830) und Friedrike (x 1844) Letztere zog nach Pennsylvania. Bereits am 18. August 1819 wanderte Leonhard Fliehmann aus Rinnthal mit seinem Freund Johannes Martin nach Russland aus.

Die Rinnthaler Familien lebten in dem engen Tal recht und schlecht von der Landwirtschaft. Das Tal der Queich war feucht. Es war nur eine Frage der Zeit, bis die ersten Familien auswandern sollten. Die männliche Fliehmann-Linie in Rinnthal erlischt mit den Nachkommen des Ehepaares Philip Fliehmann – Catharina Cuntz.

VII. Die Linie von Johann Adam Fliehmann in Jockgrim ab 1837.

Sie geht auf Juliane Fliehmann zurück, geboren 1773 zu Gräfenhausen als Tochter von Johannes Fliehmann und Maria Salomea Biegler. Ihren Lebensunterhalt verdiente sie als Schaustellerin zusammen mit einem Guckkasten- und Marionettenspieler. Sie hielt sich nur zwischenzeitlich in Gräfenhausen auf, wo sie 1833 im Hause des Johannes Bäcker starb. Ihr erstgeborener Sohn Johann Adam wurde 1809 in Annweiler unehelich geboren. Der Name seines Vaters ist nicht bekannt. 1832 heiratete er zum ersten Mal in Gräfenhausen, 1837 zum zweiten Mal in Jockgrim, wo er sich als Krämer und Lumpensammler seinen Lebensunterhalt verdiente und der Stammvater dieser Linie war.

Sein jüngerer Halbbruder Konrad wurde 1813 in Iggelbach – Elmstein geboren. Sein Plan war, mit seiner zweiten Frau Eva Katharina Badsching 1854 nach Afrika auszuwandern. Wegen 35 fl. Schulden hatte man ihm den Pass einbehalten. Schließlich ist er mit seiner dritten Frau Elisabetha Wünstel 1867 heimlich nach Brasilien ausgewandert.

Johann Adam heiratet in Jockgrim Anna Maria Badsching. Mit ihr hatte er fünf Söhne gezeugt von denen ihn nur zwei überlebten, die beiden

Holzschuhmacher Georg Adam (x 1843) und Philipp Jakob (x 1849). Letzterer lernte noch das Friseurhandwerk dazu und wurde der Begründer der langen Jockgrimer Friseurtradition, die bis auf den heutigen Tag weitergeführt wird.

Der Holzschuhmacher Georg Adam Fliehmann, verheiratet 1871 in Jockgrim mit Barbara Ochsenreither, verließ 1884 als Erster mit seiner Familie seine südpfälzische Heimat. Er gab Wohnhaus, Stall, Werkstätte, Schuppen, Schweinestall und Hofraum auf. Mit Unterstützung der Gemeindekasse wanderte er nach Philadelphia, USA, aus, nachdem sie an Auswanderungskommissar Ferd. Cammisar in Rheinzabern 400 Mark bezahlt hatte.

1893 wanderte sein Neffe, der Barbier August Philipp (x 1874) nach der Entlassung aus dem bayrischen Staatsgehörigkeitsverband in die USA nach. Sein Vater, der Barbier Philipp Jakob (x1849), verheiratet mit Katharina Metz, fertigte neben seinem eigentlichen Beruf noch Holzschuhe für die zahlreichen Ofenleute und Brenner der Ziegelei Ludovici an. Mit dem Friseurberuf allein konnte er damals keine Familie ernähren. Leute, die in jenen Tagen den Haarschnitt nicht sofort bezahlen konnten, rechneten bei ihm in Naturalien wie Eier und Fleisch ab oder bezahlten erst am Jahresende. Anfang der 90er Jahre besucht der Vater Philipp Jakob (x 1849) seinen Sohn August in den USA, kehrte aber wieder nach Jockgrim zurück. 1898 folgte sein Sohn Franz (x 1880), ebenfalls Barbier, seinem Bruder August ohne Erlaubnis in die USA nach 1).

Die Nachkommen des Johann Adam leben noch heute zahlreich in der Südpfalz.

Nachbetrachtung.

Die Familie Flühmann aus Faulensee ist ein gutes Beispiel für das Verhalten der Menschen schlechthin. Dort, wo der Mensch nicht mehr leben kann, weil der Boden ihm nicht genug Nahrung gibt, verlässt er seine alte Heimat und sucht sich eine neue. Bereits in der ersten Hälfte des 17. Jahrhunderts zogen Flühmann-Familien aus Faulensee weg, um sich vermutlich in der näheren Heimat niederzulassen.

Der erste große Einschnitt in ihrem Leben kam kurz nach 1700, mitten in der Woge der ersten großen Auswanderungswelle aus dem Berner Oberland in die Pfalz.

Die zweite Auswanderungswelle entstand durch den Exodus der Gräfenhausener Familien in die USA nach 1840. Der Norden der USA, vor allem der Staat Ohio, wurde das begehrte Siedlungsgebiet der Auswanderer aus Mettenbach und Gräfenhausen. 1819 erfolgte eine Auswanderung nach Russland, 1867 nach Brasilien.

Die dritte Auswanderungswelle ab den 1880er Jahren war deutlich schwächer als die zweite. Das stärkste Element stellten die Jockgrimer Auswanderer dar. 1885 wanderte Katharina Fliehmann aus Frankweiler mit ihren beiden Söhnen in die USA aus. Sie wollte zu ihrem Mann, dem Schneider Georg Peter. 1907 wanderte Catharina Aubel aus Gräfenhausen, eine Tochter von Ludwig Fliehmann, ebenfalls in die USA aus.

Der Schwerpunkt der Faulenseer Patriarchen Familien, die ihren Nachkommen Ausdauer und Fleiß mitgegeben haben, liegt heute eindeutig in den USA. Zeugnisse ihrer Geschichte sind die alten Grabsteine aus der Zeit der Einwanderung. Eine Reihe von Fliehmann-Gräber aus den nachfolgenden Generationen können heute noch im Norden der USA besichtigt werden. Der alte pfälzische Familienname auf ihren Grabsteinen wird noch lange eingemeißelt bleiben.

Die pfälzischen Auswanderer waren in der Regel zweisprachig. Bis nach dem Ersten Weltkrieg pflegten sie ihre deutsche Sprache und Kultur, wählten als Reformierte ihren deutschen Pfarrer und sprachen in ihren Familien und Schulen Deutsch. In den 1920-er Jahren amerikanisierten sich diese Einwanderungsfamilien als Folge des Ersten Weltkrieges. Die meisten behielten jedoch ihren alten Familiennamen Fliehmann bei, einige machten aus ihm Fleeman oder Fleahman. Man sollte sich jedoch bewusst sein, dass viele von ihnen aus dem kleinen Fischer- und Weindorf Faulensee stammen.

Quellennachweis.

Archive

Staatsarchiv Bern
Burgerarchiv Thun
Landesarchiv Speyer
Archiv Evangelische Landeskirche Speyer
Stadtarchiv Landau Landau
Institut für pfälzische Geschichte und Volkskunde Kaiserslautern
Privatarchiv Joachim Müssigbrodt in Gräfenhausen.

Zivilstandesämter

Spiez , Annweiler, Landau, Jockgrim

Internet

Die Arbeitsgemeinschaft »Das Birkenhoerdt Projekt«
Die Websiten meiner amerikanischen Verwandten
Geneal-Forum Schweiz
Websiten von Ancestry.com und Find a Grave

Literatur

Familiennamenbuch der Schweiz, Zürich 1989, 3. Auflage
C. Huber, Die Urkunden der historischen Abteilung des Stadtarchivs Thun. Thun 1931
Genealogieen der vorzüglichsten bürgerlichen Geschlechter von Thun. Thun 1822.
Alfred Stettler, Von Namen und Schicksalen im alten Spiez nach den Tauf, Ehe- und Totenrödeln und weiteren Quellen. Spiez 1993
Alfred Heubach, Schloß Spiez. Spiez 1984
Julius Billeter, Flühmann family of Neuenegg. Salt Lake City,Utah. 1986
Dale R.Herter und Terry Stollsteimer, A History of the German Settlers in Washtenaw County 1830 to 1930. 2007
Ira A. Glazier und P.William Filby (Hrsg), Germans to America. Lists of Passengers arriving at US Ports. Wilmington, Delaware.
William John Hinke (Hrsg), Pennsylvania German Pioneers, Vol: I 1727-1775,
Norristown Pennsylvania 1934. Lists of Arrivals in Philadelphia.
William Filby u. Mary K. Meyer (Hrsg), Passenger and Immigration Lists Index,
Vol 1: A-G. Detroit, Michigan.
J.Daniel Rupp, Einwanderung USA (1727-1776). Hildesheim 1975

Henry Z Jones u. Lewis Bunker Rohrbach, Even more Palatine Families, Picton Press .Rockport, Maine
Heinz R. Wittner, Schweizer Einwanderer in der Vorder- und Südpfalz.
Großfischlingen 2003
Albert Lenhart, Aus der Geschichte von Gräfenhausen bei Annweiler. 1956
(Maschinengeschrieben)
Annweiler-Gräfenhausen (Hrsg), 825 Jahre Gräfenhausen. Annweiler 2014.
Queichhambach. Ein Dorf und seine Geschichte. Annweiler 2008
Roland Paul (Hrsg), Hier hat man ein viel besseres Leben wie in Deutschland.
Kaiserslautern 2OO8.
Deutsche Wappenrolle, Bd.46, Nr.8595/86. Neustadt an der Aisch 1987

Fußnoten

Fußnoten werden für Geburt-, Heirat- und Sterbedaten wegen der Fülle des Datenmaterials und der Klarheit der Präsentation nicht gesetzt. Dies gilt sowohl für die Kirchbücher im Archiv der Evangelischen Landeskirche Speyer als auch für die Zivilstandesämter in Spiez und in der Pfalz.

Einleitung

1) vgl. Archiv Thun K 432, 457
2) Stettler S.13
3) siehe Billeter
4) Geneal-Forum Schweiz: Flühmann von Brienswiler 2007
5) vgl. Familiennamenbuch Schweiz
6) siehe Migrationskartei im Institut für pfälzische Geschichte und Volkskunde, siehe Wittner, siehe Linie Weinheim bei Alzey – Heßheim bei Frankenthal
7) Geneal-Forum Schweiz: Flühmann von Neuenegg 2006
8) vgl. Register bei Huber
9) siehe Staatsarchiv Bern, Heraldiksammlung
10) Deutscher Herold, Bd. 46, S.12

I. Einwanderung Annweiler Tal

1) Wittner I,S.243-244
2) Staatsarchiv Bern, Bürgerregister District Äschi 1798
3) Wittner , S. 102

II Christian Fliehmann von Mettenbach

1) Stadtarchiv Landau, Karte von der Queichbefestigung zwischen Annweiler und Albersweiler, um !750, Planfach 40, Mappe 1
2) siehe Müssigbrodt
3) Lenhart, S.126
4) Lenhart ebd.
5) Landesarchiv Speyer, Grundsteuerkataster Gräfenhausen 1843
6) Landesarchiv Speyer, Prozessakte Daniel-Gottfried Fliehmann
7) 825 Jahre Gräfenhausen, S.25
8) Lenhart S.98
9) vgl Heubach, S. 14-15
10) Lenhart S.94
11) Lenhart S.86
12) Die Liste ist bei Müssigbrodt wiedergegeben. Herr Müssigbrodt hat mir vorbehaltlos seine gesamten Dokumente und Photos über Gräfenhausen zur Verfügung gestellt.
13) Lenhart S.80
14) Die Glocke kann heute nicht mehr direkt besichtigt werden. Herr Müssigbrodt hatte mir ein Bild von ihr zur Verfügung gestellt.

III. Bernhard Fliehmann in Gräfenhausen

1) Die Liste ist bei Pennsylvania German Pioneers abgedruckt. Jakob hatte persönlich unterschrieben.
2) Die Auswanderungen im 18. Jahrhundert nach Nordamerika können durch folgende veröffentlichten Schiffslisten belegt werden: William John Hinke, Pennsylvania GermanPioneers. – William Filby-Mary K. Meyer, Immigration Lists.
   J.Daniel Rupp, Einwanderung USA. – Henry Z Jones-Lewis Bunker Rohrbach, Even more
   Palatine Familie

IV Der Große Exodus

Eine sehr große Hilfe stellen die Angaben bei »Das Birkenhoerdt Projekt« im Internet dar, mit denen es in der Regel möglich ist, die Siedlungs- und Begräbnisorte der Fliehmann-Familien in den USA zu finden. Die Friedhofslisten der verschiedenen Siedlungsorte sowie die Webseiten von Find a Graven geben weiterhin gute Auskünfte. Die Schiffslisten bei Glazier und Filby waren für die zweite Hälfte des 19. Jahrhunderts nützlich.

Amtliche Ausreisedokumente standen mir nicht zur Verfügung.

1) Lenhart, S.86
2) Vgl. Roland Paul
3) ebd. S.112
4) Siehe Glazier-Filby S.1844, S.171
5) Website on Tripod über John Adam Fliehmann 1842-1887
6) Siehe Glazier-Filby 185o, S. 380
7) Siehe Glazier-Filby 1852, S. 455
8) Angaben nach Grundsteuerkataster Gräfenhausen: Auswanderung vor Juli 1843, S.459, 441, 437
9) Siehe Grundsteuerkataster Gräfenhausen
10) The Eugene Fleeman Family Home Page S. 2 von 6, siehe auch Home Page von Johann Jakob Fliehmann und Sopha Steigleiter
11) ebd.
12) ebd.
13) Siehe Glazier-Filby 1848

V. Daniel Fliehmann Frankweiler

1) Ein Steuerbuch befindet sich im Landesarchiv Speyer, ein zweites im Gemeindearchiv Frankweiler.

2) Die Angaben über Daniel Fliehmann und seinen Sohn Gottfried sind aus einer Prozessakte aus dem Landesarchiv Speyer Bestand F 14, Nr. 1182
3) Die Angaben über die Linie Johann Adam I habe ich von Fliehmann Friedrich persönlich erhalte

VI. Johann Adam Fliehmann in Rinnthal

1) Landesarchiv Speyer, Gemeinderatsprotokoll 1832 Rinnthal
2) Roland Paul, S. 65
3) Siehe Herter-Stollheimer
4) Das gesamte Wissen über diese Rinnthaler Linie habe ich von Frau Grace Buchanan, Montana, USA

VII. Johann Adam Fliehmann in Jockgrim

Herr Hans Rasimus war mir behilflich bei der Aufarbeitung der gesamten Linie Jockgrim. Die Angaben zur Auswanderung stammen aus seinem Buch, »Auswanderer aus Jockgrim im 19. Jahrhundert«. Kaiserslautern 1980. Siehe dort S. 130-136. Siehe auch Rasimus S. 115-116 bezüglich der Auswanderung nach Brasilien

Spiezer Auswanderer

Arthur Maibach

Aus verschiedenen Quellen konnte ich eine Liste der ausgewanderten Spiezer und Berner Oberländer Bürger zusammenstellen. Eine große Hilfe dazu war Herr Wolfgang Fliehmann, der mir sehr viele Unterlagen zustellen konnte. Im Weiteren werde ich aus den Listen von Veröffentlichungen zitieren. Dabei werde ich nicht in Alphabetischer Reihenfolge vorgehen, sondern die Namen aus einem jeweiligen Werk nennen, mit dem Literaturhinweis in der Fußnote.

Die erste »Gruppe« ist aus dem Buch »Die Schweizer Einwanderer in die Grafschaft Hanau Lichtenberg im 17. Jahrhundert«.

Bürke Leonard, 1683, aus Spiez nach Ingwiller
Turand Karl, 1719, aus Spiez, nach Ingwiller
Thury (Thurian), 1684, aus Spiez, nach Winzenheim
Lüscher Melchior, 1691, aus Spiez, nach Griesbach
Schnocker (Schmocker Elis, 1700, aus Spiez, nach Wingen-Klimbach[14]

[14] Walter Bodmer, Die Schweizer Einwanderung in die Grafschaft Hanau-Lichtenberg im siebzehnten Jahrhundert, Klaus Kochensberger, Vellmar, Satz und Gestaltung: Volker Kochensberger, Vellmar

Eckhard(t) (Ecker, Eckart) Johann. Aus Spiez, *ca. 1680, +1751 in Erlenbrunn
Gable Hans Heinrich, aus Spiez, 1674 Hintersass in Zweibrücken
Ritter Hans , aus Spiez, 1702 in Zweibrücken[15]
Anken Christian, von Spiez, 1752, nach Gröningen
Anken Joseph, von Spiez, 1752, nach Gröningen[16]
Fliehmann Anna Barbara, aus Spiezwiler,
Fliehmann Bernhard, aus Faulensee
Fliehmann Christian, aus Faulensee
Schneider Johannes, aus Einigen[17]
Schnaiter / Schnaider / Schneiter, geb. um 1639 in Spiez-Faulensee, Sohn des Jacob Schnaiter in Faulensee und der Benedicta Greil.

Unter all diesen Menschen waren einige, die in Spiez im Rebbau tätig waren und ihr Wissen und Können mit in die Pfalz nahmen, um dort das verdorrte Land, die verwachsenen und verdorbenen Rebstöcke wieder zum Leben zu erwecken.

---

[15] Zweibrücker Arbeitsgemeinschaft für Familienforschung, 1995 Schweizer Einwanderer im Westrich 1650-1750
[16] Die Mannrechtrodel von Bern
[17] Herr Fliehmann Wolfgang

Berner Oberländer Auswanderer

Arthur Maibach

Das Berner Oberland war von der Überbevölkerung und dem Landmangel sehr stark betroffen. Aber auch Ernteausfälle durch klimatische Bedingungen führte dazu, dass viele Menschen an Hunger litten und das Angebot aus der menschenarmen Pfalz annahmen, die ausgestorbenen Dörfer neu zu besiedeln. In verschiedenen Quellen konnte ich die Namen und Ortschaften der ausgewanderten Bürger finden. Um aufzuzeigen, wie viele es waren, dass eine Massenauswanderung aus dem Berner Oberland tatsächlich stattfand, werden all die Namen der Ausgewanderten genannt und den jeweiligen Orten zugeteilt. Die Liste hat keinen Anspruch auf Vollständigkeit.

Aaarmühli (Interlaken): Bär Hans Ulrich, Claus Ullrich, Eggler Ulrich, Fischer Anna und Peter, Fröhlich Lienhard, Ritsbard (Ritschard) Michel, Schindler Hans,

Adelboden: Drummer Johannes, Egger Michael, Eggsten Johannes, Ekker Peter, Hoffmann Christoffel, Kurz Peter, Lanz Andreas, Schranz Christian, Trütten (Tritten) Christian, Tunner ? Christian

Aeschi: Lugibühl Hans Michel,

Aeschlen: Kneubühl Hans,

Beatenberg. Schmoker Peter, Tschiemer Peter, Tschiemer Hans, Zimmermann Christen,

Boltigen: Ägerter Christian, Ägerter Mathias, Ägerter Johannes, Bühler Ulrich, Carle Stefan und Johannes, Carl Jacob, Jutzeler Peter, Knöri Jakob, Martig Salomon, Müller Bendicht, Müller Wolfgang, Müller Christen, Müller Johannes, Obersteg Jakob, Pfund Hans, Reidenbach Melchior, Rötenbach Christian, Sollinger Abraham und Cunrad, Sturmann Hans,

Bönigen: Urffer Christian,

Brienz: Eggler Peter, Rieder Michel, Stähli Jakob, Ulrich und Melchior, Stähli Jakob,

Därstetten: Anker Joseph, Kunz Johannes, Stucki Jacob,

Diemtigen: Gämpeler Friedrich, Gempeler Philip und Andreas, Gurtner Hans Michael, Jutzeler Hans, Karl Niclaus, Karl Christen, Karls Johann Jakobs Witwe, Scheib Christen, Schütz Michel, Stuki Christian, Wampfler Christian,

Erlenbach: Aegerten Barthlome, Blum Christian, Juzeler Michel, Matti Johannes, Regiz (Regez) Heinrich, Johann Valentin und Johann Jacob, Schwander Peter, Streiffeler Peter

Frutigen: Allenbach Peter, Ast Gabriel und Vreni, Böklin Barbara mit ihren Kindern Hans, Anna und Elsbeth, Graf Jakob, Ullrich und Johannes, Holzer Steffan, Klopfenstein Gilgian und Michel, Kummer Anthonius, Rauber Christian, Richen Johannes, Rösti N. Ryter Hans, Schärtz Hans, Anna und Elisabeth, Böcklin Barbara, Schmid Gilgen Schmid Peter, Schmid Stephan, Senffen Thomas und Michael, Sieber Caspar, Stuki Johannes, von Känel Hans Caspar, Weffler Johannes, Weffler David, Weffler Johannes, Zahler Peter, Zahler Hans, Zobert Hans und Lorenz,

Grindelwald: Ämschen Ulrich, Braband (Brawand) Jacob, Brawand Peter, Egger Jacob, Ernst Peter, Gorner Hans, Heintz Eva Margaritha und Anna Barbara, Lohner Peter, Roth Jacob, Roth Christen, Roth Wolfgang, Peter und Christian, Schilt Christian, Schleünegger Hans Michel, Schmocker Johannes, Suter Johannes, Weyss Johannes

Goldiwil: Dannler Johann Christoph

Grubenwald: Jööl Jacob

Gsteig: Baumer Ullrich, Romand Jean, Schwitzgebel Caspar,

Habkern: Zimmermann Christen

Interlaken, siehe Armühle

Isenfluh: Brunner Christian,

Krattigen: Lauweler Heinrich,

Lauterbrunnen: Allman Peter, Gertsch Hans, Macher Christian,

Lenk: Andriss Johann Peter Und Christen, Bächler Caspar, Bertschi Joseph, Brängel Daniel, Bringel Johannes, Cronegg Michel, Drachsel Hans, Gingg Regina Madle, Grischi Abraham, Grischi Johannes, Gyschi Niclaus, Hähler Hans Jacob, Hari Christian, Hell Johann Georg, Höllen Matheus, Jaggi Michel, Jaggi Peter, Jaggi Peter, Jaggi Johannes, Rieben Samuel, Schneider Peter Michel, Schuler Johannes, Stalder Christian, Thönen Antony, Thönen Christian, Traxel Heinrich, Trüthard Ullrich, Zurfüeh Jacob, Zur Flueh Steffan,

Matten: Wieder Christian,

Oberhasli: Ammacher Niclaus,

Oberhofen: Amacher Hans, Frickinger Hans, Stähli Ullrich,

Oberwil: Boschung Johannes, Gurtner Peter, Johann und Christian, Hofmann Christoffel, Hugi Niclaus, Knörri Johannes, Kunz Bendicht, Rohrbach Peter, Roschi Valentin,

Reichenbach: Lengacker (Lengacher) Hans, Lengagar Lazarus, Nussbaum Peter Heinrich, Reichen Johannes,

Ringgenberg: Schweitzer Peter und Christian,

Saanen. Ällen Ulrich, Ällen Ullrich, Annen Peter und Christian, Bovon Johann Jacob und David, Christeler David, Dietsch Hans Michel, Frautschi Peter und Abraham, Frutschi Jacob, Frutschi Johann Wilhelm, Gander Peter, Gander Peter, Geisi David, Grünenwald Michel mit zwei Kindern, Grundisch Adam, Haldi Hans, Haldi Barbara, Hauswirth Jacob, Hauswirth, Hussimann Johann Christoph, Jaggi Christian, Kübli Ullrich, Kübli Isaac, Kübli Jacob, Linder Jean Robert, Metzen Peter, Mösching Heinrich, Mühlener Jacob, Müller Jacob, Perret Christian, Perret johann Gottfried, Johann Geörg und Heinrich, Povon Johann Jacob und David, Reller Johann, Röller Johannes, Romang Ullrich, Ruffi Christian, Russi Joseph, Russi Jacob, Russi Jacob mit drei Söhnen und fünf Töchtern, Schmolzi Hans Geörg, Hans Peter, Hans Jacob, hans Vichtor und Juhannes, Schopfer Ullrich, Schopfer Christian und Peter, Schopfer Matheus, Schopfer Abraham und Hans Georg, Schopfer Christian mit Christian und Peter Wilhelm, Schwitzgebel Christen, Schwitzgebel Jacob, Seewer Johann Wilhelm und Johann Heinrich, Sewer Wilhelm mit Sohn Ulrich, Siebenthal Johann Baltasar und Johann Samuel, Steffan Peter, Steffan Hans Jacob, Ursenbacher Hans Jacob, Währen michael mit den Söhnen Peter und Jacob, zihlgundisch Johann, Zingry Peter, Zwahlen Matheus und Anthoni,

Scharnachtal: Scherz Jacob,

Schoren: Feller Jacob, Keller Hans Jacob,

Schwarzenmatt: Martig Salomon,

Sigriswil: Biehler Ullrich, Gerber Ullrich, Gonten Christen, Santschi Maria, Surer Ullrich, tschanz Ullrich,

Spiez: Anken Christen und Joseph,

Strättligen: Feller Peter,

Steffisburg: Adam Hans, Blanck Abraham, Blank Johannes, Brun Christen, Frey Johannes und Peter, Geyssler Niclaus, Gurtner Niclaus, Lohner Peter, Waber Johannes,

St. Stephan: Allemann Jacob, Brengel Christian, Dritten Peter, Eydam Christian, Janz Peter, Janz Michel, Julmi Hans, Meythaler Johann Jacob, Purri Ullrich, Schliechter Hans, Schwender Jacob, Sollinger Barthlome, Treuhard Friedolin, Trillen Peter, Weiss Peter, Weiss Johannes,

Thun: Henning Rudolf, Knechtenhofer Jacob, Marquard Peter, Schwar Jacob, Pfr. Surer mit vier Söhnen, Tschanz Jacob,

Unterseen: Messerli Dichtel, Meyer Cristen,

Weissenburg: Zahler Johannes,

Wilderswil: Güntsch Christian,

Wimmis: Billes Peter, Jorns Kinder, Kern Anthoni, Kunz Jacob und David, Pfander Peter,

Zweisimmen: Ägerter Johann, Bendtler Peter, Burgener Jacob, Buri Philip, Lorenz und Johann Niclaus, Danner Hans, Egger Christian, Grünenwald Heinrich, Jaggi Johann Jacob, Jaki Johann Balthasar und Johann Jacob, Janz Peter, Janzi Hans, Janzi Michel und Hans Ulrich, Joneli Christian, Jutzeler Michel, Knöri Friedrich und Johann jacob, Knöri Johann und Jacob, Lüdi Jacob, Messing Geörg, Müller Michel, Perret Ullrich, Schabel Hans Martin, Scheiner Ludwig, Schiemer Nicolaus, Sollinger Chriisten, Thurian Johannes, Treilen Johannes, Trütthard Jacpb, Tüller Anthoni, Währen Hans Und Jacob, Wollet Jacob mit seinen Kindern Jacob, Steffan, Barbara, und Anna Catharina, Zöller N.[18]

Dies ist nur ein sehr kleiner Teil der Auswanderer aus dem Berner Oberland, nur die Namen aus einer Liste, wovon es noch viele gibt und zu denen noch viele Namen hinzugefügt werden könnten.

In verschiedenen Quellen finden wir Hinweise, dass sehr viele Schweizer in die Pfalz einwanderten. Im vergriffenen Buch »Schweizer (Einwanderer) in Heidelberg nach dem Dreissigjährigen Krieg« hat Norbert Emmerich akribisch die Einwanderung von Schweizern in die durch den

[18] Wittner Heinz R. Die Mannrechtsrodel von Bern, Staatsarchiv Bern, B XIII 443

Dreißigjährigen Krieg zerstörte Kurpfalz zwischen 1650 und 1750 aufgearbeitet. Er geht so weit, dass er die Aussage macht: »Jeder echte Kurpfälzer hat Schweizer Vorfahren«. In seinem Buch geht Emmerich davon aus, dass bis 1720 10'000 Schweizer in die Kurpfalz kamen, davon geschätzt 2200 nach Heidelberg. Ab dem Jahr 1700 stößt man auf Ahnen, die aus der Schweiz eingewandert waren, sagt Emmerich. Er weist auch darauf hin, dass die Schweizer zwar zunächst eng zusammenhielten, dann aber rasch mit der bisherigen Bevölkerung verschmolzen und keine Bauten und Bräuche hinterließen. Die Kurpfalz erlebte so einen neuen Aufschwung.[19]

In jedem Pfälzer seien Schweizer Gene, sagt Herr Norbert Emmerich. In jedem zweiten Pfälzer stecke ein Schweizer, sagt Herr Helmut Seebach. Auch wenn viele Dörfer und Städte einen großen Teil der Bevölkerung im Dreißigjährigen Krieg verloren hatten, ist nur ein Teil der Pfälzer mit Schweizer Blut vermischt und die Schweizer hatten sich sehr stark den Pfälzer Gepflogenheiten angepasst.

Wie stark sich die Schweizer und Tiroler mit den noch verbliebenen Pfälzern vermischt haben, bedarf noch einer sehr intensiven und aufwendigen Forschungsarbeit. Viele Schweizer, vor allem die

---

[19] http://scineblogs.de/zeittaucher/2009712/18/einwanderung-die-Kurpfalzzischen-gene 06.09.2015

Mennoniten, blieben ihren Landsleuten und Glaubensbrüdern und Glaubensschwestern verbunden, was eine Vermischung mit ohnehin sehr wenigen jungen Pfälzern fast unmöglich machte. So ist anzunehmen, dass in Dörfern und Regionen, wo viele Schweizer hinzogen, ein beachtlicher Anteil Schweizer Blut durch die Adern floss.

Wenn das nun so ist, wie all die Wissenschafter, Familienforscher und Autorenberichten, aber auch die Mannrechtsrodel, die Taufrodel und die Auswandererlisten beschreiben, war die Pfalz fast menschenleer. Die Felder und Weinberge waren mit Dornen überwachsen, sodass keine einzige Traube mehr reifen konnte. Die Gegend war wüst, öde und leer und die wenigen Überlebenden mussten als Selbstversorger mit großer Mühe ihre Nahrung auf kleinen Äckern produzieren. In vielen Teilen in der Pfalz und der Region um Annweiler wurde über längere Zeit kein Wein mehr hergestellt. Erst als die Schweizer, die Spiezer und die Einwanderer aus Faulensee in die Pfalz geholt wurden, die Dornen vernichteten und die Reben wieder kultivierten oder neu anpflanzten, wurden nach einer bestimmten Zeit wieder Trauben geerntet und Wein gekeltert.

Ohne die Familien aus Faulensee und Spiez, die das Handwerk des Rebbaus, des Kelterns und Küferns beherrschten, wäre die Weinproduktion im Annweilertal wahrscheinlich erst viel später oder gar nicht in Angriff genommen worden. So wage ich die These auszusprechen, dass in vielen Pfälzer Weinen auch Spiezer Wissen und Können steckt. Viele der noch heute gelesenen Trauben wurden mit Spiezer Händen und Schweiß kultiviert und veredelt. So besteht eine große Wahrscheinlichkeit, dass in vielen Pfälzerweinen ein Stück Schweiz / Spiez steckt.

Auswanderung nach Nordamerika

Arthur Maibach

Im Jahr 1959 schrieb Fritz Trautz im Heft »Die Pfälzische Auswanderung nach Nordamerika im 18. Jahrhundert« folgendes: *»Vor 250 Jahren, im Jahr 1708, fuhr der lutherische Pfarrer Josua Kocherthal mit einem halben Hundert Männern, Frauen und Kindern aus der Gegend von Landau den Rhein hinab nach England, um von dort nach Amerika auszuwandern. Die Londoner Behörden sandten Kocherthals kleine Schar nach der Kolonie New York, wo die Pfälzer im Spätgerbst einlangten und am Hudson angesiedelt wurden. Sie bildeten den unmittelbaren Vortrupp ihrer viele Tausend zählenden Landsleute, die in den folgenden Jahren und Jahrzehnten nach Nordamerika gingen. Schon im Jahr 1709 kam es zu einer Massenauswanderung nach Übersee, wie man sie in Deutschland, ja in Festlandseuropa derart stoßweise wohl noch nie erlebt hatte. Woche um Woche setzten sich vom Oberrheingebiet her die Transporte in Bewegung, bis im Herbst desselben Jahres über 13'000 Menschen in großen Notlagern bei London einem ungewissen Schicksal entgegensahen. Woher kamen all diese Leute, wohin führte sie ihr Weg und welche Ursachen lagen diesem Exodus zugrunde?*

Mit dem Sammelnamen >Palatines< – Pfälzer – bezeichnete man in England und in Amerika damals und im weiteren Verlauf des 18. Jahrhunderts oft die Gesamtheit der Bauern und Handwerker aus dem deutschen Sprachraum, die eine neuen Heimat jenseits des Atlantik suchten. Der Name knüpft an den pfälzisch bestimmten Beginn dieser Massenauswanderung an. (. . .) Der schweizer Anteil war Unmittelbar und mittelbar. Denn nicht nur am Ende, sondern auch vor dem Beginn der Amerika-Auswanderung ist eine lebhafte Binnenwanderung feststellbar. Nach dem Dreißigjährigen Krieg und nach dem Pfälzischen Erbfolgekrieg Ludwigs XIV. von Frankreich hatten sich viele Schweizer in der rheinischen Pfalz niedergelassen, die dem Ruf der Kurfürsten zum Wiederaufbau des verwüsteten Landes gefolgt waren. Eine besondere Gruppe bildeten die Schweizer Mennoniten, die in der Pfalz eine, wenn auch relative, so doch größere Freiheit fanden. Zu ihnen zählte z.B. der in Ellerstadt (bei Ludwigshafen) als Sohn schweizer Eltern geborene Andreas Huber, der mit seinen Eltern i. J. 1738 nach Pennsylvanien auswanderte; das waren die Vorfahren des amerikanischen Präsidenten Hoover.

Die Pfalz am Rhein zog viele Menschen an und gab viele Menschen ab; sie wies bei starker Assimilationskraft ein ungewöhnliches Maß an Herkunfts- und Konfessionsmischung auf. Der Anreiz der Pfalz für die Schweizer – wie später der Amerikas für Pfälzer und Schweizer – stand in Wechselwirkung mit bestimmten Nöten der Auswanderungszentren. Ein Jahrhundert vor dem Schweizer Zustrom hatten viele Hugenotten in dem überwiegend reformierten Gebiet der Kurpfalz und von Pfalz-Zweibrücken Aufnahme gefunden.[20]

So weit zu den Ausführungen von Fritz Trautz, der sich mit der Auswanderung aus der Pfalz beschäftigte, bei der auch viele ausgewanderte Schweizer weiterzogen. Jedoch gab es auch viele Schweizer, die direkt ohne Umweg über die Pfalz nach Amerika zogen. So nennt Manuel Bigler in der »Berner Zeitschrift für Geschichte« das Berner Oberland als Kerngebiet der Auswanderung. *Viele der auftauchenden Namen kommen unter anderem im Berner Oberland vor. Aus der Forschungsliteratur ist bekannt, dass im 18. Jahrhundert insbesondere viele Leute aus dem Berner Oberland auswanderten.*[21]

In der ersten Hälfte des 19. Jahrhunderts begann eine weitere Auswanderungsbewegung. *Die ersten Ansätze zeigten sich nach der katastrophalen Missernte des Jahres 1816. Als im Frühjahr 1817*

---

[20] Fritz Trautz, Die Pfälzische Auswanderung nach Nordamerika im 18. Jahrhundert, Carl Winter, Universitätsverlag, Heidelberg 1959, Seiten 5-8

[21] Manuel Bigler, Berner Zeitschrift für Geschichte, 71.Jahrgang 2009, Heft 4

die Teuerung im Bernbiet ihren Höhepunkt erreichte, brachen viele Verzweifelte, vor allem aus der deutschsprachigen Schweiz wie zudem auch aus Süddeutschland spontan zu einer »Reise in die Neue Welt« auf. Dabei strandeten jedoch erwartungsgemäß viele Vermögenslose bereits in den Ausgangshäfen und gerieten in arge Not. Gestützt auf diese Erfahrungen, wie auch aus der Beteiligung am gescheiterten freiburgischen Unternehmen hinsichtlich der Gründung einer Kolonie in Brasilien (Nova Friburgo), versuchte die bernische Obrigkeit die Auswanderungen, soweit es in ihrer Macht lag, einzudämmen. Auf der Überfahrt nach Brasilien starben allein schon 316 Personen, und der von Auswanderern gegründete Flecken »Nova Friburgo« befand sich bald schon in einem elenden Zustand; die Kolonisten verloren sich in den Weiten dieses Landes.[22]

Einige bernische Gemeinden ergriffen nach den Hungersnöten der Jahre 1816 und 1817 eine, vor allem auch für sie, günstige Gelegenheit, um arme und heimatlose Kantonsbürger nach Übersee abzuschieben. Später, im Jahre 1851, hat der Große Rat die Gemeinden ermächtigt, unbemittelte Auswanderungswillige zu unterstützen; dementsprechend stellte die Regierung armen Gemeinden Subventionsbeiträge zur Verfügung. Diese Kreditzusage wurde in den nachfolgenden Jahren immer

[22] Oskar E. Krähenbühl, Bärner Brattig, Luli 2008, Seite 23

wieder erneuert. Die Folge davon war, dass ein wahrer »Schacher« seitens der Gemeinden stattfand, welche diese Gelegenheit nur allzu gerne benutzten, sich die Armen auf Kosten des Armengutes und des Staates baldmöglichst und billig vom Halse zu schaffen und sie, im Sinne einer »sozialen Entlastung« über den Atlantik abzuschieben.[23]

Ein weiterer Grund dafür, dass in den frühen 1850er-Jahren viele Berner für eine Auswanderung nach Amerika mobilisiert werden konnten, dürfte auch zu einem guten Teil auf die weit überdurchschnittlichen Leistungen der vorangegangenen Pionierperioden zurückzuführen sein. Wie man zudem weiß, übermittelten die ersten Auswanderungspioniere ihre Eindrücke und Erfahrungen in die alte Heimat und motivierten damit gleichzeitig migrationswillige Verwandte und Freunde zum Nachzug. Allein in die USA wanderten im Laufe des 19. Jahrhunderts über 200'000 Schweizer und Schweizerinnen aus. Das entsprach in etwa 10 Prozent der Gesamtbevölkerung unseres Landes im Jahr 1870. Im Spitzenjahr 1883 schifften sich gut 4500 Menschen ein, die dem Kanton Bern zwischen 1880 und 1888 den Rücken kehrten.[24]

---

[23] Ebenda, Seite 24
[24] Ebenda, Seite 24

Spiezer Winzer in der Pfalz

So weit einige Worte zur Auswanderung nach Nordamerika. Auch aus der Region des Berner Oberlandes zogen viele Familien direkt, oder über die Pfalz ins »Gelobte Land«, wo die Tochterstadt New Bern in North Carolina im Jahr 2010 ihr 300-jähriges Bestehen feiern konnte.

Die kleine Schweiz, das noch kleinere Berner Oberland und das Dorf Spiez brachte viele interessante und arbeitswillige Menschen hervor, die weltweit ihre Spuren hinterließen. Spuren, die nur bei genauem Hinsehen erkannt werden. Die Einwanderer brachten ihr Handwerk, ihr Wissen und Können mit in die Pfalz, hatten jedoch die Begabung, sich sehr schnell anzupassen. *Die Fremden kamen nicht in übermächtigen Mengen und auf einmal in dieses oder das Dorf, sondern sickerten nach und nach ein und wurden niemals nach ihrer Herkunft da oder dort zusammen angesetzt. Vielmehr trafen Zuzügler vom Niederrhein und aus anderen norddeutschen Gegenden, solche aus der Schweiz, aus dem Moselgebiet, aus Frankreich, aus der näheren Umgebung der Pfalz in bunter Mischung zusammen, und so gut wie immer waren eingeborene Pfälzer dabei. Jene waren in Sprache, Brauchtum, Hausbau usw. so verschieden, dass sie keinerlei einheitlichen Einfluss ausüben konnten, sondern gegeneinander standen. Auch eine pfälzische Minderheit war ihnen gegenüber im Übergewicht. Dazu kam der Einfluss, den immer größere Dörfer auf kleine, Gerichts-, Amts- und Kirchenorte auf ihre Umgebung ausstrahlten. So blieben die Pfälzer pfälzisch und wurden die Fremden, bzw. deren Nachkommen zu Pfälzern. Die eingeborenen Pfälzer waren selbst als Minderheit im Übergewicht.*[25]

Schon in der zweiten Generation war in Mörsbach jedes Haus mit jedem einfach oder mehrfach verwandt. Die Einwohner aus der Schweiz waren rasch zu Einheimischen geworden.[26]

Die Spiezer und die Winzer aus Faulesee brachten ihr Handwerk mit in die Pfalz, wo Reben kultviert, Fässer gebaut und Wein gekeltert wurde, in Zusammenarbeit mit den restlichen Pfälzern und all den dazu Eingewanderten. So sind die Auswanderer aus Spiez mitverantwortlich, dass den Reben in der Pfalz neues Leben eingehaucht wurde.

Möge es gelingen, dass wir in einer Zeit der großsen Flüchtlingsströme, den Vertriebenen mit Respekt und Menschenwürde begegnen. Vor erst 300 Jahren waren unsere Vorfahren auf der Suche nach Land und menschenwürdigem Leben, um

[25] Helmut Seebach, Schweiz-Pfalz-Pennsylvania, Bachstelz Verlag Mainz, 2015, Seite 188
[26] Ebenda, Seite 193

ihre Kinder ernähren zu können. Sie wurden größtenteils mit Wohlwollen aufgenommen, konnten in ihrem angestammten Beruf weiter arbeiten und brachten in der Pfalz einen wunderbaren Wein hervor, in dem bis zum heutigen Tag ein bisschen »Spiez« drin liegt.

Von Arthur Maibach erschien im Rediroma-Verlag:

Katzenstein Eine Entmythologisierung des Kindlisten und ein Mahnmal der Frauenunterdrückung